Hanna Permien
Kerstin Frank

Schöne Mädchen – Starke Jungen?
Gleichberechtigung: (k)ein Thema
in Tageseinrichtungen für Schulkinder

W0067934

Für Lore Miedaner

Hanna Permien
Kerstin Frank

Schöne Mädchen – Starke Jungen?

Gleichberechtigung: (k)ein Thema in Tageseinrichtungen für Schulkinder

mit einem Beitrag von
Silvia Beisteiner, Renate Engler, Stefanie Kieffer

Lambertus

Diese Publikation wurde mit Mitteln des Ministeriums für Familie, Frauen, Weiterbildung und Kunst Baden-Württemberg im Rahmen des Förderprogramms Frauenforschung gefördert.

Die Deutsche Bibliothek – CIP-Einheitsaufnahme

Schöne Mädchen – starke Jungen? : Gleichberechtigung: (k)ein Thema in Tageseinrichtungen für Schulkinder / Hanna Permien; Kerstin Frank. Mit einem Beitr. von Silvia Beisteiner ... – Freiburg im Breisgau : Lambertus, 1995
ISBN 3-7841-0828-8
NE: Permien, Hanna

© 1995, Lambertus-Verlag, Freiburg im Breisgau
Umschlaggestaltung: Christa Berger, Solingen
Umschlagfoto: Uwe Stratmann, Wuppertal
Karikaturen: by © TOM (Thomas Körner, Berlin)
Satz: ARGUS DTP, Schliengen-Liel
Druck: Druckerei Franz X. Stückle, Ettenheim
ISBN 3-7841-0828-8

Inhalt

9 | Einleitung

13 | TEIL I: DIE GESCHLECHTERFRAGE – (K)EIN THEMA
IN TAGESEINRICHTUNGEN?
Hanna Permien

14 | 1. Es gibt viele Gründe, warum die Geschlechterfrage bisher
kaum aufgegriffen wurde ...

20 | 2. ... aber es gibt gute Gründe, es endlich zu tun!
20 | 2.1. Geschlechtstypische Sozialisation – Benachteiligung
auch von Jungen?
28 | 2.2. Emanzipatorische Arbeit – möglichst früh und umfassend
30 | 2.3. Der KJHG-Auftrag zur Förderung von Gleichberechti-
gung – Anlaß für die Entwicklung von Zielperspektiven
32 | 2.4. Die Chancen von Kindertagesstätten, Gleichberech-
tigung zu fördern

35 | TEIL II: GESCHLECHTERVERHALTEN UND GESCHLECH-
TERVERHÄLTNIS IN GROSS-STADTHORTEN:
EIN BLICK IN DIE REALITÄT
Kerstin Frank

36 | 3. Zu unserer Befragung von Hortkindern und Erzieherinnen

40 | 4. Spielverhalten von Mädchen und Jungen – Gegensätze
und Annäherungen
40 | 4.1. Lieblingsspiele und gemeinsame Aktivitäten
43 | 4.2. Empathie oder Konkurrenz – Was lernen Mädchen
und Jungen in ihren Spielen?
45 | 4.3. „Mit Jungs eher selten" – „Mädchen sind doof":
SpielpartnerInnen im Hort
50 | 4.4. Fazit
51 | 4.5. „Die Jungen lassen die Mädchen mit Fußball spielen,
das finde ich toll" – Spielverhalten aus der Sicht
von Erzieherinnen

54 | 5. Schön oder stark? – Selbst- und Fremdwahrnehmung
von Mädchen und Jungen

54	5.1.	Schön, aber schwach? – Das Selbstbild von Mädchen
58	5.2.	„Mädchen haben Angst vor Mäusen" – Was Jungen über Mädchen sagen
62	5.3.	„Jungen können besser kämpfen" – Das Selbstbild von Jungen
65	5.4.	„Jungen können jeden zusammenhauen" – Was Mädchen über Jungen sagen
67	5.5.	Geschlechtertausch? Nein danke!
68	5.6.	Fazit
70	5.7.	Mädchen leicht beleidigt, Jungen unkompliziert? – Wenn Erzieherinnen durch die Geschlechterbrille blicken
72	5.8.	Hauptsache gemeinsam – Das Geschlechterverhältnis aus der Sicht der Erzieherinnen
74	6.	Konflikte im Hort – von Gleichberechtigung keine Spur
75	6.1.	„Dann bist du nicht mehr meine Freundin" – Konflikte unter Mädchen
76	6.2.	„Und einer von uns ist ja dann stärker" – Konflikte unter Jungen
78	6.3.	„Die Eva, die ärgern wir am besten" – Konflikte zwischen Mädchen und Jungen
87	6.4.	„Wenn ich geweint hätte, dann hätten alle Heulsuse zu mir gesagt" – Vom Umgang mit Traurigkeit
88	6.5.	Fazit
90	6.6.	„Regelt das unter euch" – Konflikte aus der Sicht der Erzieherinnen
94	7.	Zukunftsvorstellungen von Mädchen und Jungen
94	7.1.	Dachdeckerin oder Prinzessin – Polizist oder Tiefseetaucher: Berufswünsche
98	7.2.	Auch in Zukunft: alles beim alten? – Zur Arbeitsteilung in Familie und Beruf
105		TEIL III: EMANZIPATORISCHE ARBEIT IN HORTEN: NÖTIG UND MÖGLICH!? Hanna Permien
106	8.	Rahmenbedingungen und Formen – Enge Grenzen erweitern
106	8.1.	Emanzipatorische Arbeit – Geht das im Hort überhaupt?
107	8.2.	Situationsanalyse und Zielbestimmung – Klärung von Ausgangsbedingungen und Zielen

109   8.3.   Gestaltung von Räumen – Muß es immer die Bauecke sein?

111   8.4.   Formen emanzipatorischer Arbeit – Vom Alltagshandeln bis zur Mädchen- und Jungenarbeit

115   9.   Pädagoginnen verändern ihre Praxis – Anregungen

116   9.1.   Erweiterung von Rollenhandeln – Mädchen an den Computer, Jungen in die Küche

119   9.2.   Konflikte – „Der Stärkere hat recht" oder gleichberechtigte Verständigung?

122   9.3.   Körperlichkeit, Sexualität und Zärtlichkeit – Tabuisierungen und Abwertungen zur Sprache bringen

127   TEIL IV: FORTBILDUNG UND FACHBERATUNG: UNTERSTÜTZUNG UND VERNETZUNG
Hanna Permien (mit einem Beitrag von Silvia Beisteiner, Renate Engler und Stefanie Kieffer)

128   10.   Fortbildung – Erzieherinnen setzen sich mit der Geschlechterfrage auseinander

129   10.1. Was kann Fortbildung den ErzieherInnen bringen?

130   10.2. Mögliche Einstiege ins Thema

132   10.3. Informationen zur Geschlechtersozialisation

134   10.4. Blick in die eigene geschlechtstypische Geschichte

136   10.5. Beobachtung und Reflexion der eigenen Praxis

136   10.6. Bestimmung eigener Ziele

138   10.7. Umgang mit Stolpersteinen

140   11.   Fachberatung: Anstöße geben und Netzwerke knüpfen

142   11.1. Exkurs
Pforzheim: Wenn Frauen einen Schneeball ins Rollen bringen …
(Silvia Beisteiner, Renate Engler, Stefanie Kieffer)

151   TEIL V: ZUSAMMENFASSUNG UND PERSPEKTIVEN
Hanna Permien, Kerstin Frank

152   12.   Es bleibt noch viel zu tun!

156   Literaturverzeichnis

160   Autorinnen

Einleitung

Dieses Buch setzt sich mit einer Frage auseinander, die in Tageseinrichtungen für Schulkinder bisher kaum gestellt wird – mit der Geschlechterfrage. Das heißt genauer: Wieweit wird in Horten Gleichberechtigung zwischen Mädchen und Jungen und die Entwicklung flexibler Geschlechtsrollen mit erweiterten Handlungsmöglichkeiten eher gefördert oder (eher) behindert?

Das Buch entstand aus dem Projekt „Jugendhilfe und Geschlechtersozialisation", das von 1992 bis 1994 am Deutschen Jugendinstitut von Lore Miedaner, Hanna Permien und später auch von Kerstin Frank durchgeführt wurde. Lore Miedaner, die wesentlich an der Konzeption und der ersten Forschungsphase beteiligt war, konnte an dem Buch leider nicht mehr mitschreiben, da sie Anfang 1994 das Institut verließ. Viele ihrer Ideen, Gedanken und Beiträge wurden aber in den Text aufgenommen.

Die fünf Teile des Buches bauen aufeinander auf. Im ersten Teil geht es um die Situation, die auch Ausgangspunkt des Projekts war: Im Kinder- und Jugendhilfegesetz (KJHG) wurde in § 9, Abs. 3 die Förderung von Gleichberechtigung zwischen Mädchen und Jungen zwar für alle Felder der Jugendhilfe als Aufgabe festgeschrieben, Überlegungen und Praxisansätze gibt es dafür aber bisher vor allem in der Jugendarbeit, nicht aber in Kindertagesstätten, die den größten Jugendhilfebereich darstellen. Auch fehlt es an Untersuchungen zu geschlechtstypischem Verhalten und Geschlechterbeziehungen in Kindertagesstätten. Mögliche Gründe dafür werden im ersten Teil ebenso dargestellt wie die Notwendigkeit, diese Situation insgesamt und speziell in Tagesstätten für Schulkinder zu verändern: Denn zum einen ist dieser Bereich derzeit im Ausbau begriffen und hat – nachdem er im Westen lange ein Schattendasein als „Notbehelf für Notfälle" führte und im Osten Deutschlands sehr eng an die Schule angebunden war – im KJHG erstmals einen eigenständigen Betreuungs-, Bildungs- und Erziehungsauftrag erhalten. Die damit notwendigen pädagogisch-konzeptionellen Neuorientierungen sollten die Geschlechterfrage von Anfang an einschließen. Dadurch bietet sich eine Chance, der Benachteiligung von Mädchen ebenso wie der Gewaltbereitschaft eines Teils der Jungen, die u. a. mit den traditionellen Geschlechtsrollen und -verhältnissen zusammenhängt, rechtzeitig und wirksam entgegenzutreten. Zum anderen – und auch darauf wird im ersten Teil des Buches eingegangen – ist die mittlere Kindheit von sechs bis zwölf Jahren eine wichtige Entwicklungsphase für die Geschlechtsidentität, in der Jungen und vor allem Mädchen relativ offen für Alternativen zu den überkommenen, aber überholten Mustern von „Weiblichkeit und Männlichkeit" sind. Allerdings brauchen sie für die Übernahme solcher Alternativen in das eigene Verhalten und Selbstbild Anregungen und attraktive Vorbilder.

Ausgehend von diesen Überlegungen haben wir unseren Beitrag zur Geschlechterforschung in Horten für Grundschulkinder konzipiert, den wir im zweiten Teil des Buches vorstellen: In unserer Untersuchung haben wir nicht nur die Erzieherinnen, sondern auch die Mädchen und Jungen selbst zu Wort kommen und ihre Sicht der Geschlechterfrage darstellen lassen. Zudem befragten wir einige Erzieherinnen, die sich bereits für „emanzipatorische Arbeit" und deren Verbreitung engagieren. Ihnen allen sei an dieser Stelle herzlich für ihre Gesprächsbereitschaft gedankt.

Zudem haben wir die Rahmenbedingungen in den Horten daraufhin betrachtet, wieweit sie einer „emanzipatorischen" Arbeit förderlich oder hinderlich sind. Unsere Ergebnisse zeigen, wie das Gegen- und Miteinander der Geschlechter in einigen westdeutschen Großstadthorten aktuell aussieht und von welchen Bedingungen es beeinflußt wird.

Im dritten Teil stellen wir Ansätze zur Förderung von Gleichberechtigung und Erweiterung der Handlungsmöglichkeiten von Mädchen und Jungen vor, die in Horten oder Grundschulklassen erprobt wurden und Anregungen für den Beginn einer solchen Arbeit in anderen Einrichtungen sein können.

Um Möglichkeiten einer breiten Verankerung „emanzipatorischer" Arbeit in Kindertagesstätten und speziell in Horten geht es im vierten und letzten Teil, wobei das Augenmerk besonders auf Fortbildung von ErzieherInnen sowie auf die Möglichkeiten der Fachberatung zur Förderung und Vernetzung von auf Gleichberechtigung gerichteten Ansätzen in Kindertagesstätten gelenkt wird. Daß aus diesen Möglichkeiten Realitäten werden können, zeigt der Beitrag der Fachberaterin und der Erzieherinnen aus Pforzheim.

Uns war es von Anfang an wichtig, unsere Untersuchungsergebnisse für die Praxis fruchtbar zu machen. In diesem Sinne ist auch dieses Buch entstanden. Es soll alle LeserInnen einladen, die eigenen Positionen, Wissensbestände und Zielsetzungen bezüglich der Geschlechterfrage kritisch zu überprüfen und gegebenenfalls zu verändern. Es soll weiter dazu anregen, den eigenen Alltag – als ErzieherIn, SupervisorIn oder AusbilderIn, als FachberaterIn, JugendhilfeplanerIn oder Kindertagesstätten-ExpertIn in Wohlfahrtsverbänden – „mit anderen Augen" zu sehen, nämlich eigenes und fremdes geschlechtstypisches Denken, Fühlen und Handeln bewußt wahrzunehmen und zu hinterfragen. Schließlich wollen wir mit unseren Texten Lust und Mut machen, in der täglichen Arbeit mit Mädchen und Jungen, aber auch im Team, in Fortbildungen und Fallbesprechungen sowie bei der Neugestaltung von Konzeptionen für dieses Praxisfeld diese veränderten Sichtweisen einzubringen und Handlungskompetenzen zur Förderung von mehr Gleichberechtigung zu entwickeln. Das könnte sich nicht nur im beruflichen Alltag, sondern auch im privaten Lebenszusammenhang positiv auswirken.

München,   Hanna Permien
im Sommer 1995   Kerstin Frank

Teil I
Die Geschlechterfrage – (k)ein Thema in Tageseinrichtungen?

Hanna Permien

1. Es gibt viele Gründe, warum die Geschlechterfrage bisher kaum aufgegriffen wurde …

Gleichberechtigung ist zwar seit 1949 als einklagbares Recht im Grundgesetz verankert, wird jedoch Mädchen und Frauen im Alltag keineswegs freiwillig und selbstverständlich gewährt. Im Gegenteil: Die traditionelle Arbeitsteilung, die der Frau den Platz in der Familie und dem Mann den Platz in der Öffentlichkeit zuweist, sowie das damit verbundene Machtgefälle zwischen den Geschlechtern erscheinen immer noch als „Grundpfeiler" unserer Gesellschaftsordnung, stehen aber im Widerspruch zur Forderung nach Gleichberechtigung.

Ausgehend von der Frauenbewegung der frühen 70er Jahre machten sich Frauen in den verschiedensten gesellschaftlichen Bereichen daran, diese Ungleichheit und Benachteiligung von Mädchen und Frauen bewußt zu machen, zu kritisieren und nach Möglichkeit zu verändern: In den Familien wird die traditionelle Arbeitsteilung dadurch in Frage gestellt, daß immer mehr Frauen mit immer qualifizierteren Ausbildungen Familie und Beruf miteinander verbinden wollen und auf die Mitarbeit ihrer Partner im Haushalt drängen. In Betrieben und Behörden wurde die Geschlechterhierarchie, die die Spitzenpositionen für Männer und die Leichtlohngruppen für Frauen vorsieht, von Frauen angeprangert, mit Hilfe von Gleichstellungsbeauftragten und Frauenförderplänen angegangen und in Einzelfällen auch erfolgreich durchbrochen. In den Schulen wiesen engagierte Lehrerinnen und Frauenforscherinnen nach, daß durch die Koedukation die formale „Gleichberechtigung" zwar weitgehend eingeführt war, dadurch aber noch lange keine reale Gleichberechtigung für Mädchen bewirkt wird. In Freizeitheimen und Jugendverbänden setzen sich Sozialpädagoginnen dafür ein, daß Jugendarbeit implizit nicht länger mit Jungenarbeit gleichgesetzt wird, sondern endlich auch Mädchenarbeit beinhaltet.

Während hier und in vielen anderen Bereichen trotz zäher Widerstände doch einiges in Bewegung geraten ist, blieb es im Bereich der Kindertagesstätten bis heute erstaunlich still – und deshalb auch fast alles beim alten.

Das gilt zum ersten für die gesetzlichen Grundlagen: Obwohl das neue Kinder- und Jugendhilfegesetz (KJHG) in den „allgemeinen Vorschriften" die Förderung der Gleichberechtigung von Mädchen und Jungen ausdrücklich zur Aufgabe aller Einrichtungen und Angebote der Jugendhilfe macht (§ 9, Abs. 3), wird dieses Ziel bei den Ausführungen zur „Förderung von Kindern in Tageseinrichtungen und in Tagespflege" (§§ 22 u. 23) nicht wieder aufgegriffen und genauer bestimmt. Auch in den seit 1991 neu erlassenen Kindertagesstätten- bzw. Kinderbetreuungsgesetzen der Bundesländer ist bei der Formulierung pädagogischer Ziele im allgemeinen nur von „Kindern" die Rede. Das bedeutet wiederum nur eine formale Gleichstellung von Mädchen und Jungen, aber keine Berücksichtigung der Asymmetrie des Geschlechterverhältnisses.

Das gilt zweitens für die Organisation des Arbeitsfeldes Kindertagesstätten und der Aus- und Fortbildung für die hier tätigen ErzieherInnen und Kinderpflegerinnen: Weiterhin sind es überwiegend Männer, die in Bund und Ländern die gesetzlichen und organisatorischen Rahmenrichtlinien festlegen. Auch die Ausbildungsstätten für Erzieherinnen sowie die Abteilungen für Kindertagesstätten in Ministerien, Ämtern und Wohlfahrtsverbänden werden meist von Männern geleitet – die damit auch wesentlich die pädagogischen Inhalte bestimmen. Gerade im Kindertagesstättenbereich sind es dagegen fast ausschließlich Frauen, die „an der Basis" pädagogisch mit den Kindern arbeiten.

Drittens blieb auch beim Forschungsstand (fast) alles beim alten: Im Gegensatz zum Schulbereich gibt es bisher sehr wenig Untersuchungen zu geschlechtstypischem Verhalten von Mädchen und Jungen in Krippe, Kindergarten und Hort und dazu, wie dieses von den Einstellungen und dem Verhalten von Erzieherinnen sowie von den Rahmenbedingungen beeinflußt wird. Die wenigen vorhandenen Untersuchungen (z. B. Christoph/Siegel 1980; Preissing/Best 1985; Fried 1990; Bönold 1993) weisen aber sehr deutlich darauf hin, daß – ähnlich wie in der Schule – auch in Kindertagesstätten vor allem die Vermittlung traditionellen Geschlechterverhaltens gefördert und Mädchen eher benachteiligt, Jungen eher bevorzugt werden. Dies liegt vermutlich keineswegs in der bewußten Absicht der Erzieherinnen, trägt aber dazu bei, daß auch in diesem wichtigen Sozialisationsfeld das herrschende Machtgefälle zwischen den Geschlechtern „automatisch" und „unbewußt" an die nächste Generation weitergegeben wird. Dies zumindest, solange die Geschlechterfrage hier nicht thematisiert wird! Es sind also eine bewußte Absicht und zudem klare Zielperspektiven nötig, um diese Verhältnisse zu verändern.

Unsere Vermutungen darüber, warum es daran gerade im Kindertagesstättenbereich so weitgehend fehlt, wollen wir mit den folgenden Thesen zur Diskussion stellen (s. auch Miedaner 1992 und 1994, auf die ich mich hier im wesentlichen beziehe):

In der Aus- und Fortbildung ist – wie in den Gesetzen – ebenfalls meist nur allgemein von „Kindern" die Rede, wobei aber heimlicher Maßstab oder Bezugspunkt oft genug das männliche Kind ist: So wird selten hinterfragt, daß und warum „das verhaltensauffällige Kind" oder „das aggressive Kind" in der Mehrzahl männlichen Geschlechts ist.

Auch ist die Auseinandersetzung mit der Geschlechterfrage kein Pflichtfach in der Ausbildung, sondern wird nur mehr oder minder zufällig von engagierten Lehrkräften zum Thema gemacht (s. Permien 1992).

Selbst in Fortbildungsprogrammen fanden wir selten etwas zur Geschlechterfrage – und wissen auch von Fachberaterinnen, daß Erzieherinnen für solche Fortbildungen zum Teil nur schwer zu gewinnen sind (s. auch 10. Kapitel).

Nicht nur bei Erzieherinnen, sondern auch bei ihren AusbilderInnen, FachberaterInnen und SupervisorInnen halten sich also zäh Vorstellungen, die verhindern, daß Gleichberechtigung endlich zum Thema in Kindertagesstätten wird:

(a) So meinen viele von ihnen, daß für die Entstehung geschlechtstypischer Verhaltensweisen und -einstellungen die Biologie doch wichtiger sei als die Sozialisation. Im Extrem wird also angenommen, daß Unterschiede vor allem „angeboren" sind und nicht erst im Sozialisationsprozeß erworben werden. Geschlecht wird also in erster Linie als biologische und nicht als soziale Kategorie begriffen.

(b) Ähnlich verhält es sich mit den ebenfalls oft vertretenen Positionen, daß geschlechtstypische Unterschiede zwar sozial erworben werden, aber bei kleinen Kindern noch nicht von Bedeutung seien (s. auch Bönold 1993: 74), oder daß wenigstens die Kindheit eine „heile Welt" sein solle, die von solch konfliktträchtigen Themen wie der Geschlechterfrage verschont werden muß.

(c) Verbreitet ist auch die Meinung, die Erziehung kleiner Kinder – und damit auch die geschlechtstypische Sozialisation – sei Privatsache der Eltern, in die man sich nicht einmischen solle. Oder es wird vertreten, daß die wesentlichen Impulse für geschlechtstypisches Verhalten nur vom Elternhaus und nicht von der Kindertagesstätte ausgehen.

All diese Meinungen laufen mehr oder weniger auf die Überzeugung hinaus, daß es unnötig sei, in Kindertagesstätten auf die Gleichstellung von Mädchen und Jungen hinzuarbeiten oder daß es besser sei, von diesem Thema die Finger zu lassen.

„Gleichheitsideologie "

Sehr verbreitet ist auch das „Gleichheitspostulat", das es in mehreren, oft miteinander kombinierten Varianten gibt (s. Bönold 1993: 75):
(a) In der Ausbildung wird die Gleichbehandlung aller Kinder, also auch die von Mädchen und Jungen, häufig als wichtiges pädagogisches Ziel vermittelt. Viele Erzieherinnen sind auch davon überzeugt, daß sie in der Praxis tatsächlich keine Unterschiede in der Behandlung von Mädchen und Jungen machen. Sie ziehen z. B. zum Tischdienst Mädchen wie Jungen gleichermaßen heran oder achten darauf, daß Jungen die Mädchen nicht vom Fußballspielen ausschließen. Diese Gleichbehandlung halten sie für einen wesentlichen Schritt in Richtung Gleichberechtigung.
(b) Dazu kommt häufig die Meinung, Mädchen und Jungen wären heutzutage schon sehr viel „gleicher" und auch „gleichberechtigter" als früher. Dafür kann jede Erzieherin in der Tat treffende Einzelbeispiele anführen. So wird einem „Miteinander der Geschlechter" und einem „voneinander Lernen" (Verlinden 1991) das Wort geredet – ohne dabei das gesellschaftlich vorgegebene Machtgefälle zu berücksichtigen. Diese und ähnliche Überzeugungen führen meist zu der Haltung: „Da brauchen wir doch gar nichts mehr weiter zu tun." Wir haben jedoch Zweifel an der Richtigkeit dieser Überzeugungen, wie noch deutlich werden wird.

Weibliche Wertorientierung

Die Erzieherinnen selbst betrachten sich persönlich häufig nicht als unterdrückt oder benachteiligt, sondern ebenfalls als gleichberechtigt. Viele sehen sogar Vorteile in der gesellschaftlichen Arbeitsteilung und identifizieren sich bewußt mit dem typischen Berufsbild der Erzieherin: Es „fordert die ‚soziale' Frau und orientiert sich stark an der traditionellen Frauenrolle: helfen, allzeit bereit sein, kaum an sich denken, friedlich sein" (Beneke 1992: 21). Oft leben Erzieherinnen diese Wertorientierungen auch privat – versehen mit einigen modernen Akzenten – und wollen sie auch gar nicht in Frage stellen. Und selbst, wenn es auch bei Erzieherinnen zunehmend Brüche und Aufbrüche gibt, mögen sich die wenigsten „nur wegen der Gleichberechtigung" in Konflikte oder gar in Isolation begeben: „Sich immer mit den Benachteiligungen zu beschäftigen, macht ja auch keinen Spaß. Da ist es schon einfacher zu sagen: ‚Wieso, es ist doch alles schön so!' " (Fachberaterin Renate Engler in einem Interview 1993). Auch Doris Beneke, ebenfalls Fachberaterin, stellt fest, daß es in diesem Beruf „nur wenige der Frauenbewegung nahestehende Frauen" gibt – was vielleicht mit diesem Berufsbild zusammenhängt. Damit wird verständlich, warum auch Erzieherinnen selbst die Geschlechterfrage wenig thematisieren.

Arbeitsbedingungen in Kindertagesstätten und gesellschaftliche
(Ab-)Wertung von Erziehungsarbeit

„Daß sich Mädchen- und vereinzelt auch Jungenarbeit in der Jugendarbeit viel stärker durchgesetzt haben als in Einrichtungen für jüngere Kinder, steht auch im Zusammenhang mit der unterschiedlichen Struktur dieser Arbeitsfelder und den Arbeitsbedingungen der PädagogInnen" (Miedaner 1992: 111). „Mädchenarbeit ist in der Jugendarbeit oft nicht zusätzliche Aufgabe für PädagogInnen, sondern findet anstatt anderer Inhalte in teilweise festen zeitlichen Rahmen statt und bietet trotz aller Anfeindungen auch neue Identifizierungs- und Profilierungschancen" für die PädagogInnen. Pädagogische Arbeit mit Kindern hat dagegen einen geringeren gesellschaftlichen Stellenwert. Deshalb würde emanzipatorische Arbeit in Kindertagesstätten häufig eine „weitere Anforderung in einen oft bereits von völliger Überforderung gekennzeichneten Alltag" (a. a. O.: 111) bedeuten. Und solange die Dringlichkeit einer solchen Arbeit nicht wissenschaftlich belegt ist und offensiv vertreten wird, kann diese Anforderung, anders als z. B. Elternarbeit oder die Integration ausländischer Kinder, als „Luxus" betrachtet werden.

Unklare Zielperspektiven

Selbst wenn ErzieherInnen den Wunsch nach Veränderung von Geschlechterverhalten und -verhältnis haben, so bleiben die Ziele oft unklar und widersprüchlich: Sollen Mädchen mehr wie Jungen werden oder Jungen mehr wie Mädchen? Oder sollen beide Geschlechter sich etwa angleichen, bis sie nicht mehr zu unterscheiden sind? Auch diese ungelösten Fragen führen dazu, lieber alles beim alten zu lassen (s. Bönold 1993).

Fazit: Es fehlt noch viel

Eine intensive Auseinandersetzung mit der Geschlechterfrage im Kindertagesstätten-Bereich wird offensichtlich durch mangelnde Kenntnisse und, dadurch mitbedingte, problematische oder unklare pädagogische Zielsetzungen ebenso erschwert wie durch die Arbeitsstrukturen in Kindertagesstätten und die gesellschaftliche Minderbewertung dieser Arbeit. Zudem mangelt es an politischem Willen zur Veränderung des Geschlechterverhältnisses und zur Durchsetzung realer Gleichberechtigung. Denn sonst würden entsprechende Angebote nicht nur für eine kleine Zahl von Jugendlichen im Rahmen der Jugendarbeit gemacht. Vielmehr würden Mittel für Forschungsvorhaben im Kindertagesstättenbereich und für entsprechende Fortbildung der Erzieherinnen sowie für die Verbesserung der Rahmenbedingungen in diesen Einrichtungen bereitgestellt, um mit einer breitenwirksamen Förderung von Gleichberechtigung bereits in der frühen Kindheit und in Institutionen wie Kindertagesstätten und Schulen zu beginnen. Denn dort verbringen (fast) alle jüngeren Kinder – neben der Familie – große Teile ihres Alltags und entwickeln auch dort ihre Geschlechtsidentität.

2. ... aber es gibt gute Gründe, es endlich zu tun!

Trotz oder gerade wegen der ungünstigen Ausgangsbedingungen in Kindertagesstätten sind engagierte Frauen gefordert, die als Erzieherin, Fachberaterin, aber auch als Jugendhilfeplanerin oder Politikerin die notwendigen (ersten) Schritte zur Förderung von Gleichberechtigung tun. Viele der im folgenden genannten guten Gründe für Sinn und Notwendigkeit eines solchen Engagements lassen sich aus der Sozialisation von Mädchen und Jungen in unserer Kultur ableiten (weshalb der folgende Abschnitt auch ziemlich lang ist!). Weitere Gründe und Zielsetzungen ergeben sich aus dem schon zitierten Absatz im KJHG sowie aus den besonderen Sozialisationsbedingungen in Kindertagesstätten und speziell in Horten.

2.1. GESCHLECHTSTYPISCHE SOZIALISATION – BENACHTEILIGUNG AUCH VON JUNGEN?

Der Prozeß und die Begleitumstände geschlechtstypischer Sozialisation in unserer Kultur werden hier kurz skizziert, damit deutlich wird,
(a) von welchen theoretischen Grundlagen wir ausgehen,
(b) warum einige der genannten Gründe gegen eine Beschäftigung mit der Geschlechterfrage in Kindertagesstätten nicht zutreffen,
(c) wie und wo Benachteiligungen für Mädchen – aber auch für Jungen – in der traditionellen Geschlechtersozialisation vorprogrammiert sind,
(d) wo Ansatz- und Ausgangspunkte für mehr Gleichberechtigung liegen.

Drei Merkmale sind für geschlechtstypische Sozialisation in dieser Gesellschaft immer noch bestimmend: Zwei, nämlich die geschlechtsspezifische Arbeitsteilung und die damit verbundene Geschlechterhierarchie, haben wir schon erwähnt. Ein drittes Merkmal ist die Geschlechterpolarisierung, d. h. die Betonung der Unterschiede, ja, der Gegensätze der Geschlechter und weniger ihrer Ähnlichkeiten. Diese drei Merkmale unserer Kultur stehen den Bemühungen um Gleichberechtigung entgegen und haben für die Entwicklung von Mädchen und Jungen ganz unterschiedliche Konsequenzen.

Geschlechterpolarisierung

In der Sozialisationsforschung hat sich die Erkenntnis durchgesetzt, daß die „Natur" für soziale und psychische Unterschiede der Geschlechter viel weniger verantwortlich ist, als gemeinhin angenommen wird: Die geistigen und psychosozialen Möglichkeiten von Mädchen und Jungen sind ursprünglich sehr ähnlich. Die biologischen Geschlechtsmerkmale sind also weniger der Grund für Unterschiede, als vielmehr der Anlaß, Mädchen und Jungen von Geburt an unterschiedlich zu sozialisieren. Die beliebte Frage, wieviele der weiblichen bzw. männlichen Eigenschaften nun angeboren oder aber anerzogen seien, ist also gar nicht zu beantworten. Denn alles biologisch Vorgegebene wird von Anfang an kulturell und sozial überformt. Diese Überformungen sind so umfassend und setzen so früh ein, daß wir schließlich oft meinen, es nicht mit Kultur, sondern eben doch mit Natur zu tun zu haben: Dann sieht es so aus, als wären Jungen „von Natur aus" mehr auf Bewegung aus, risikofreudiger und begabter für Mathe und Physik als Mädchen, die ihrerseits „von ihren Anlagen her" fürsorglicher, emotionaler und sprachbegabter erscheinen. Schauen wir uns den Sozialisationsprozeß etwas genauer an, kommen wir diesen Überformungen auf die Spur.

Schon in der frühesten Kindheit, bevor ein Kind sich selbst als Mädchen oder Junge begreifen kann, wirken Eltern, Verwandte und Bekannte auf das Kind ein: Dabei spielt die Orientierung an überkommenen Geschlechterklischees immer noch eine große Rolle. Fragen wir nicht alle eine junge Mutter zuerst, ob es sich um ein Mädchen oder einen Jungen handelt, weil wir erst dann wissen, wie wir mit dem kleinen Wesen umgehen sollen? Bei einem Mädchen wird meistens sein „niedliches" Aussehen hervorgehoben, bei einem Jungen wird eher seine Aktivität und Kraft gelobt. Selbst wenn dasselbe Baby fremden Erwachsenen einmal als Mädchen und ein anderes Mal als Junge vorgestellt wird, nehmen sie entsprechend dem vermeintlichen Geschlecht diese Unterschiede wahr. Das heißt, wir alle erwarten von Mädchen und Jungen Unterschiede in Eigenschaften und Verhalten und kommentieren ihr Verhalten und Aussehen entsprechend – auch wenn gar keine Unterschiede da sind. Ebenfalls sehr früh werden Mädchen und Jungen unterschiedliche Aufgaben und Zukunftsperspektiven zugewiesen. Das kleine Mädchen putzt und backt Kuchen „wie die Mami" und geht vielleicht mit vier ins Ballettraining, der kleine Junge interessiert sich für Autos und repariert sie „wie der Papa" und geht in den Fußballverein, denn er könnte ja später Fußballstar werden. Das mag übertrieben klingen – aber: wieviele Gegenbeispiele kennen Sie?

Sehr anschaulich schildert Marianne Grabrucker (1985) die geschlechtstypische Sozialisation in ihrem Tagebuch über die ersten drei Lebensjahre ihrer

Tochter. Sie, die ihre Tochter Anneli gerade nicht zu einem typischen Mädchen, sondern zu einem freien Menschen erziehen wollte, ertappt sich dabei, daß sie Anneli einer Bekannten zuliebe in ein nettes Kleidchen steckt. Sie erlebt, daß fremde Erwachsene Anneli für einen Jungen halten und „ihm" in Aussicht stellen, daß „er" später Pilot oder Arzt werden könnte. Sie schränken die Berufsperspektiven aber schnell auf Krankenschwester oder bestenfalls Lehrerin ein, wenn sie hören, daß es sich um ein Mädchen handelt. Grabruckers Beobachtungen zeigen auch, daß ungeschicktes oder grobes Verhalten bei Jungen als „männlich" (auf-)gewertet, bei Mädchen dagegen kritisiert wird. Eltern erlauben Jungen zudem sehr viel eher als Mädchen, andere Kinder zu schubsen und zu schlagen. Kein Wunder, daß Mädchen im allgemeinen mehr Passivität und Wehrlosigkeit entwickeln, ihre Aggressionen im Grundschulalter oft nur noch verbal ausleben und sich selbst für schwächer halten als gleichaltrige Jungen.

Doch nicht nur die nächsten Bezugspersonen, sondern auch die weitere soziale Umwelt und vor allem die Medien bestimmen das Bild der Kinder von dem, was in unserer Gesellschaft als „weiblich" und „männlich" gilt. Es ist erstaunlich, wie früh den Kindern der Unterschied zwischen den Geschlechtern als zentral auffällt und wie sie deshalb auch selber sehr bemüht sind, das Geschlecht einer Person richtig zu benennen. Dabei orientieren sie sich an so komplexen Merkmalen wie Kleidung, Verhalten und Tätigkeiten – denn die biologischen Unterschiede sind ja meist gar nicht sichtbar (s. Hagemann-White 1984). So faßt die Tochter von Marianne Grabrucker bereits mit weniger als zwei Jahren ihre Erfahrungen mit Männern so zusammen: „Mann redet" – das hatten sie Pfarrer und Fernsehredner gelehrt. Weiter stellt sie fest: „Mann schimpft" – das hatte sie bei Park- und Museumswächtern erlebt –, und sie hatte auch erfahren, daß ihre Mutter dagegen schlecht ankam. Eine weitere alltägliche Erfahrung war: „Mann autofahren" und „Mann Motorrad". Über das Leben von Frauen dagegen wußte sie: „Frau nackig" – davon hatten sie Filmplakate und Zeitschriften an Kiosken überzeugt. Zudem erkannte sie: „Frau putzen" und „Frau kochen". Von den Versuchen ihrer Mutter, ihr diese Beobachtungen als zufällig oder gar als umkehrbar hinzustellen, ließ sie sich nicht im geringsten beeindrucken: Sie wollte und brauchte Eindeutigkeit in der wichtigen Frage der Geschlechtszuordnung – zu der auch gehörte, daß nur Frauen weinen können.

Kinder erkennen zudem schon in den ersten Lebensjahren, daß sie selbst nicht einfach Mensch sein können, sondern daß sie auch im sozialen Sinn Mädchen oder Jungen werden müssen. So übernehmen und zeigen sie zunehmend die Verhaltensweisen, die für ihr Geschlecht als „passend" gelten. Durch diesen Prozeß der „Selbstsozialisation" finden sie zwar Anerkennung bei Erwachsenen und Gleichaltrigen, verzichten aber gleichzeitig darauf, die volle Breite ihres menschlichen Potentials zu leben, weil sie vor allem geschlechtstypische Verhaltensweisen und Gefühlsäußerungen einüben – in denen sie dann irgendwann dem anderen Geschlecht tatsächlich überlegen sind.

Im Kindergartenalter werden sich Kinder ihrer Geschlechtszugehörigkeit zunehmend sicher und Mädchen wie Jungen sind stolz auf sie. Es geht ihnen nun darum, ihr Geschlecht auch eindeutig nach außen zu demonstrieren, damit ja keine Verwechslungen passieren, über die andere lachen könnten. Wenn Mädchen dann zeitweise nur noch mit rosa Haarschleifen und Röckchen herumlaufen wollen und Jungen am liebsten mit Schießeisen, dann spiegeln sie uns wider, welche Geschlechterstereotypen wir sie „erfolgreich" gelehrt haben. Allerdings ist das Denken der Vier- bis Siebenjährigen auch noch nicht soweit entwickelt, daß sie hier Uneindeutigkeiten zulassen könnten: Ihre Vorstellungen von dem, was „weiblich" und was „männlich" ist, sind oft sehr rigide und ausschließlich (s. Trautner u. a. 1988). So behaupten Kinder dieses Alters zum Beispiel, nur Männer könnten Bus fahren. So manche Erzieherin, aber auch im Haushalt aktive Väter bekommen von einem Fünfjährigen zu hören, daß Tischdecken und Abspülen „Frauenarbeit" sei. Sind vielleicht Barbie bei Mädchen und HeMan bei Jungen deshalb so beliebt, weil sie „Weiblichkeit" und „Männlichkeit" quasi in Reinkultur darstellen – unverwüstlich in Plastik gegossen?

Kindergartenkinder achten auch untereinander zunehmend auf geschlechtstypisches Verhalten. Damit widersetzen sie sich vielleicht sogar emanzipatorischen Bemühungen von Eltern und ErzieherInnen. Da aber das Personal in Kindertagesstätten durch eigenes Verhalten und Vorbild Mädchen und Jungen offenbar weit mehr in traditionellem Rollenverhalten bestätigt, als eine erweiterte Geschlechtsidentität zu fördern, sind Mädchen nach wie vor eher in der Puppenecke als in der Bauecke zu finden. Auch sitzen sie eher – wie die meisten Erzieherinnen – am Tisch und basteln, viel seltener toben sie mit den Jungen im Flur herum. Und wenn Mädchen in der Kindertagesstätte tatsächlich einmal ebenso laut, aggressiv und raumgreifend sind wie die Jungen, so werden sie mit viel größerer Wahrscheinlichkeit zur Ordnung gerufen, nach dem Motto: Wenn zwei dasselbe tun, so ist es noch lange nicht dasselbe!

Das liegt ganz offenbar an der „Stereotypen-Brille", die uns allen mehr oder weniger fest auf der Nase sitzt und uns den „heimlichen Lehrplan" nicht mehr erkennen läßt, nach dem Mädchen und Jungen keineswegs gleich, sondern unterschiedlich behandelt und bewertet werden – und zwar meist zuungunsten der Mädchen.

Etwa ab dem Schulalter sind sich Mädchen und Jungen ihrer eindeutigen und endgültigen Geschlechtszuordnung so sicher und in ihren Denkformen soweit fortgeschritten, daß sie wieder mehr Flexibilität in Eigenschaften und Verhalten der Geschlechter akzeptieren können. Sie können jetzt eher zulassen, daß es auch Jungen gibt, die „oft Angst haben" oder Mädchen, die „Fußball spielen" (s. Trautner u. a. 1988: 114). Doch sind die Mädchen für mehr Flexibilität aufgeschlossener als die Jungen. Dabei mangelt es Jungen nicht an geistigen Fähigkeiten, wohl aber – noch mehr als den Mädchen – an entsprechend attraktiven Vorbildern für erweiterte Geschlechterrollen. Das ist kein Wunder, denn Mädchen und Jungen in unserer Gesellschaft begreifen spätestens im Schulalter, daß Jungen nicht nur anders sein sollen, sondern offenbar auch mehr wert sind und mehr zu sagen haben als Mädchen. Dies wird ihnen nicht nur durch ihre Bezugspersonen und das Fernsehen, sondern auch durch fast alle Kinderbücher und -kassetten sowie durch Schulbücher vermittelt. So ergab eine Analyse der Rollenverteilung in Lehr- und Sprachbüchern für den Grundschulunterricht in Nordrhein-Westfalen, daß die Zahl der klischeehaften Darstellungen weitaus größer war als die von flexiblem und gleichwertigem Geschlechterverhalten: Jungen und Männer spielten in Wort und Bild meistens die Rolle des überlegenen oder starken Mannes, Frauen die traditionelle Neben-Rolle, z. B. „Papa ist bei Nebel und Glatteis mit dem Auto unterwegs. Mama hat Angst" (Zweiwochendienst 1989: 11). Sachwissen und technisches Know-how sind in diesen Büchern fast ausschließlich Männersache. Und: Männer kritisieren Frauen, Frauen aber fragen Männer um Rat. Umgekehrte Beispiele fanden sich nicht. Ähnlich sieht es in bayerischen Rechenbüchern aus: Da kaufen Väter ganz allein Autos und Eigenheime, Mütter aber nur Semmeln und Socken: Wo also können Jungen hier attraktive weibliche Stärken entdecken und was könnte sie dazu motivieren, die männliche Rolle mit weiblichen Elementen anzureichern? Untersuchungen in Schulen – für Horte gibt es bisher keine – haben zudem gezeigt: Auch von LehrerInnen werden Mädchen und Jungen unterschiedlich behandelt (s. zusamenfassend Hagemann-White 1984). Haben Mädchen und Jungen z. B. in Mathematik gleich gute Noten, so wird das bei Jungen eher auf ihre Intelligenz, bei Mädchen dagegen meist nur auf ihren Fleiß zurückgeführt. Auch werden Mädchen in der Schule eher für schlechte Leistungen getadelt, Jungen eher für gute Leistungen gelobt – und dies, obwohl die Mädchen in der Schule mindestens ebenso gut sind wie die Jungen. Verhalten sich Mädchen in der Schule kooperativ und sozial kompetent, so gilt das als selbstverständlich, tun Jungen das gleiche, erhalten sie dafür ein Sonderlob. Diese Studien in Schulen wie auch die wenigen Studien in Kindergärten (z. B. Fried 1990; Preissing/Best 1985) weisen zudem deutlich darauf hin, daß Mädchen gerade in Institutionen weniger Aufmerksamkeit und Förderung und mehr Abwertung erfahren als Jungen: Problem-, aber auch Lieblingskinder der Erzieherinnen sind viel öfter die Jungen.

Doch Mädchen bekommen nicht nur weniger Zuwendung, ihnen werden auch Kompetenzen wie Mut, Intelligenz, Initiative und Durchsetzungskraft viel seltener zugeschrieben und zugestanden. Diese Tatsache sowie der in vielen Bereichen spürbare männliche Herrschaftsanspruch führen bei Mädchen schließlich sehr häufig zu einem Knick im Selbstbewußtsein. Sie verinnerlichen das gesellschaftliche Machtgefälle zwischen den Geschlechtern also quasi als individuelles Minderwertigkeitsgefühl (Nuber 1992). In diesem Dilemma streben viele Mädchen danach, ihre – offenbar höher bewerteten – „männlichen" Seiten zu entwickeln und gewinnen damit nicht nur an persönlicher Selbstachtung, sondern auch an Einfluß nach außen. Da aber Selbständigkeit und Durchsetzungsvermögen immer noch als Gegensatz zu Weiblichkeit und Attraktivität gewertet werden, bemühen sich die meisten Mädchen um eine Balance zwischen beiden Seiten, auch wenn sie das in ihrer Entfaltung behindert. Und sind sie erst in der Pubertät, geraten selbst „emanzipierte" Mädchen verstärkt unter Druck, sich der „weiblichen" Rolle anzubequemen. Und die verlangt immer noch eher Anmut und Anschmiegsamkeit als Selbstbehauptung, Stärke oder gar Technikkompetenz. Da weibliche Attraktivität also auch heißt, keine Konkurrenz für das andere Geschlecht zu sein, wählen Mädchen dann doch lieber den Englisch- als den Mathe-Leistungskurs. Eine weitere Behinderung ihrer Entwicklung ist die durchaus nicht unberechtigte Angst vor sexuellen Übergriffen, die Mädchen weitgehend davon abhält, den männlich beherrschten öffentlichen Raum für sich zu erobern und zu nutzen.

Für Jungen dagegen, die bei Schuleintritt weder größer noch stärker sind als Mädchen und beim direkten Leistungsvergleich mit ihnen oft gar nicht gut abschneiden, ist die ihnen gesellschaftlich immer noch zugedachte Rolle des überlegenen, beherrschenden Mannes eine große Verlockung. Doch der damit verbundene „Stärkeimperativ", der von Spielkameraden und oft auch von den Vätern gesetzt wird, stellt auch eine Überforderung und einen Zwang dar. Sich nicht schwach und unterlegen, ja, nicht einmal still und schüchtern zeigen zu dürfen, bringt „kleine Helden in Not" – so der Titel des derzeit wohl bekanntesten Buches über Jungensozialisation (Schnack/ Neutzling 1990a). Das Buch zeigt auf, daß wesentliche Gründe für die höheren Auffälligkeits-, Unfall- und Selbstmordraten bei Jungen ganz offenbar in dem hohen Preis liegen, der für die „überlegene" Rolle zu zahlen ist. So wird verständlich, warum Jungen so oft zwischen Größenwahn und Selbstzweifeln schwanken, warum sie Schwächen und Ängste lieber „mit

Gewalt" – gegen sich und andere – bekämpfen, als sie sich und anderen ein-zugestehen. Oder warum Jungen schon im Kindergarten, besonders aber in Grundschule und Hort Überlegenheit gerade im sexuellen Bereich demonstrieren, aber auch ihre diesbezügliche Neugier und Unsicherheit tarnen müssen. Dazu dienen nicht nur Schimpfwörter, die weibliche Sexualität abwerten und von denen „Hure" noch das mildeste ist, sondern auch sexuell getönte Übergriffe: Zwar haben Mädchen durchaus auch erotische Interessen, provozieren die Jungen auch gelegentlich, aber wenn die Jungen z. B. den Mädchen die Röcke hochheben oder sie in Jungenklos zerren, finden sie das keineswegs mehr lustig.

Wie sich hier schon andeutet, entwickeln Jungen aufgrund ihres Macht- und Herrschaftsanspruchs ein anderes Verhältnis zur Gewalt als Mädchen: Jungen definieren und verhalten sich eher als (mögliche) Täter. Dagegen sehen Mädchen sich selbst mit zunehmendem Alter gerade angesichts körperlicher Übergriffe häufig als „schwächer" und als „zu Beschützende" und verharren allzuoft in gelernter Hilflosigkeit – was ihr Selbstbewußtsein und ihre Eigenständigkeit weiter einschränkt. So entsteht zwischen Mädchen und Jungen, Männern und Frauen allzu leicht ein Täter-Opfer-Verhältnis. Männliche Gewalt entlädt sich dabei vor allem dann, wenn der eigene männliche Überlegenheitsanspruch und entsprechende gesellschaftliche Erwartungen nicht erfüllt werden können.

Wenn einzelne Jungen – entgegen dem Sog dieses „Täter-Helden-Männer-Bildes" (Verlinden 1991: 86) – eher „weibliche" Seiten leben, traditionell weibliche Aufgaben übernehmen wollen und sich später gar zu einem typischen Frauenberuf entschließen, so stellt das für sie einen umgekehrten, vielleicht noch schwierigeren Balanceakt dar als für Mädchen. Denn Jungen sind dabei angesichts der Abwertung alles Weiblichen in Gefahr, sowohl an gesellschaftlicher Macht wie an Selbstachtung zu verlieren und bei ihren Geschlechtsgenossen als „Verräter" und „Schlappschwanz" zu gelten.

Deshalb verwundert es nicht, daß die meisten Männer im Interesse der Aufrechterhaltung der Geschlechterhierarchie die geschlechtsspezifische Rollen- und Arbeitsteilung sehr viel strikter einhalten als Frauen: Während Frauen zunehmend ins Berufsleben und – wenn auch sehr mühsam und vereinzelt – in immer mehr „männliche" Berufsbereiche vorstoßen, nutzen Männer ihren Machtvorsprung, Frauen auch weiterhin die Hauptlast der Arbeit und Verantwortung in der Familie, im Erziehungs- und Pflegebereich zuzuweisen. Gleichzeitig werten Männer diese Leistung der Frauen in ihrer Bedeutung ab und entlohnen sie gar nicht oder nicht angemessen. Dadurch sind diese Arbeitsbereiche – so z. B. der Erzieherberuf – für Männer bekanntlich noch unattraktiver.

Bedeutung der gesellschaftlichen Arbeitsteilung für die Sozialisation

Aufgrund der gesellschaftlichen Arbeitsteilung ist Kindererziehung also „Frauensache". Deshalb ist die erste intensive Beziehung sowohl von Mädchen wie von Jungen meist die zur Mutter oder einer anderen weiblichen Person. Darüber hinaus liegt die gesamte Betreuung, Bildung und Erziehung in den ersten zehn Lebensjahren überwiegend in den Händen von Frauen. Das aber bedeutet für die Sozialisation von Mädchen und Jungen etwas grundlegend Verschiedenes (s. Chodorow 1985; Hagemann-White 1984) und verstärkt die Polarisierung zwischen den Geschlechtern, statt ihre Annäherung zu fördern.

Mädchen haben einerseits genügend weibliche Bezugspersonen und Vorbilder „zum Anfassen", andererseits fällt das notwendige langsame „Loslassen" auf beiden Seiten schwerer: Mütter sehen Mädchen weniger als eigenständige Individuen und mehr als Teil oder zumindest Spiegel ihrer selbst. Sie bieten ihnen an, „so wie die Mama" zu werden – worum sich viele Mädchen auch eifrig bemühen. Mädchen werden also eher auf das Verhalten und die Normen dieser Bezugspersonen festgelegt und übernehmen möglicherweise auch deren eigene weibliche Minderwertigkeitsgefühle. Ähnliches gilt vermutlich auch für die Beziehungen zwischen Erzieherinnen und Lehrerinnen und Mädchen. Zudem erleben Mädchen diese Frauen auch ganz überwiegend nur in der typischen fürsorglichen Frauenrolle, erhalten also von ihnen wenig Anstoß für die Entwicklung erweiterter weiblicher Rollenkonzepte. Diese Effekte werden noch verstärkt dadurch, daß Mädchen spätestens ab dem Schulalter mehr unter Aufsicht von Erwachsenen stehen und mehr im Haushalt helfen als gleichaltrige Jungen – also weniger Entwicklungs-Freiräume haben (s. Nissen 1992). Im übrigen bräuchten auch Mädchen mehr männliche Bezugspersonen: präsente Väter oder Erzieher könnten Mädchen die Abgrenzung von den Müttern und damit das Selbständigwerden erleichtern und sie zudem in ihrer Weiblichkeit bestätigen, ohne sie allerdings für ihre eigenen sexuellen Interessen zu mißbrauchen (vgl. Milhoffer 1990: 47). Fehlt Mädchen die Möglichkeit, „den erwachsenen Mann (zu) fordern, ihn zu erobern und sich von ihm abzugrenzen", bleibt der Mann nicht nur „der unerreichbare Traumprinz", sondern es fällt Mädchen auch schwer, ihre „Initiative und Aggressivität zu testen" (Hüller 1992).

Entwickelt sich bei Mädchen aufgrund dieser Frauenpräsenz und Männerabsenz in der frühen Sozialisation eher eine „Bindungsidentität", so kann man bei Jungen eher von einer „Trennungsidentität" sprechen: Jungen werden von ihren Müttern meist sehr deutlich und sehr früh als „kleiner Mann" erlebt, der etwas anderes werden muß als sie selbst. Mütter, Erzieherinnen und Lehrerinnen fördern deshalb diese Abgrenzung, aber auch Höherbewertung der Jungen mehr oder weniger bewußt und offensiv. Auch die Jungen selbst grenzen sich im Zuge der Selbstsozialisation zunehmend gegen ihre weiblichen Bezugspersonen und deren Übermacht im Erziehungsbereich ab und verleugnen und verdrängen in diesem Prozeß ihre eigenen „weiblichen" Seiten: Männlichkeit wird oft als Gegenteil von Weiblichkeit definiert. Jungen bräuchten nun dringend solche männliche Bezugspersonen als Identifikationsfiguren, die ihnen aus dieser rigiden Abwehr heraushelfen und ihnen zeigen, daß „richtige Männer" durchaus auch „weibliche" Seiten haben, z. B. fürsorglich oder auch mal ängstlich sind. Doch die Väter selbst sind oft so von Rollenklischees geprägt, daß sie solche Seiten nicht vorleben und sie auch in ihren Söhne unterdrücken. Zudem sind die meisten Väter bestenfalls „Sonntagspapis" und männliche Erzieher in Kindergärten und Horten absolute „Mangelware". So müssen sich die „kleinen Helden" oft ohne ausreichende Vorbilder und Unterstützung auf eine weitgehend unbekannte Männlichkeit hin entwickeln. Dabei werden die Klischees von harten, überlegenen Männern aus den Medien für die Jungen vermutlich um so mehr zum Vorbild, je weniger sie emanzipierte Männer im Alltag erleben. Dies alles verstärkt die Tendenzen zur Geschlechterpolarisierung und zur inneren Verunsicherung von Jungen. Darin ist ein weiterer Grund für den Dominanzanspruch zu sehen, mit dem Jungen ihrer Situation „Herr zu werden" und die Wunden und Schwächen der frühen Kindheit zu überspielen versuchen – wenn sie sie schon nicht heilen können. Dies „gelingt" den Jungen um so besser, je mehr sie entdecken, daß die „Macht der Mütter" ja quasi nur bis zur Haustür reicht und die weitgehend von Männern beherrschte Außenwelt ihnen viel weiter offensteht als den Mädchen.

Wenn dies als gesellschaftliche Gegebenheit auch weiterhin gilt, so gibt es durchaus individuelle Differenzierungen derzeit propagierter Männerrollen, die von den den „starken Mann" herauskehrenden Neonazis bis zu den „Softies" reichen. Diese Differenzierungen gilt es zu nutzen!

2.2. EMANZIPATORISCHE ARBEIT – MÖGLICHST FRÜH UND UMFASSEND

Mit dieser kurzen, sehr groben und schematischen Skizzierung des typischen Verlaufs weiblicher und männlicher Sozialisation dürfte klar geworden sein, daß nicht nur Mädchen gegenüber Jungen benachteiligt sind, sondern es durchaus auch – im Rahmen der Sozialisation zur „Überlegenheit" – Benachteiligungen und Einschränkungen von Jungen gibt, die ihnen aber durch gesellschaftliche Privilegien schmackhaft gemacht werden. Mädchen und Frauen haben dagegen nicht nur mit ihrer Einschränkung auf die „unterlegene" Rolle zu kämpfen, sondern zudem noch mit männlicher Unterdrückung, Einengung und Gewalt.

Das soll nun nicht heißen, daß es inzwischen nicht eine ganze Menge Mädchen und Frauen gäbe, die sich individuell sehr gut behaupten und sich nicht benachteiligt fühlen. Oder auch Frauen, die mit den Verhältnissen ganz zufrieden sind und/oder die „weibliche Schwäche" zur Erreichung ihrer Ziele einsetzen – sie alle handeln aber in von der Geschlechterhierarchie geprägten gesellschaftlichen Strukturen. Und eben diese Strukturen machen es auch der wachsenden Zahl verunsicherter Jungen und Männer schwer, die ihnen gesellschaftlich zugedachte traditionelle Rolle zu verweigern und neue, nichtpatriarchale Muster für Männlichkeit zu entwerfen, zu leben und dafür auch andere Jungen und Männer zu gewinnen. Denn oft genug wollen Männer zwar den hohen Preis für ihre Privilegien nicht mehr zahlen, nicht aber auf die Privilegien selbst verzichten (s. Sielert 1989; Winter/Willems 1991 sowie Permien/Miedaner 1994).

Wir müssen also unterscheiden zwischen der persönlich-individuellen Ebene, auf der es inzwischen einiges an „Abweichung" von traditionellen Rollen- und Lebensmustern gibt, und der gesellschaftlich-strukturellen Ebene, die das Sozialisationsgeschehen in Familie, Kindertagesstätte und Schule mit seinen unterschiedlichen Bedingungen für Mädchen und Jungen entscheidend mitbestimmt. Diese strukturelle Ebene ist nach wie vor stark durch Geschlechterpolarisierung und -hierarchie und geschlechtsspezifische Arbeitsteilung gekennzeichnet.

Es ist sicher auch klar geworden, daß Mädchen und Jungen in aller Regel weder gleich noch gleichberechtigt behandelt, sondern sehr früh und umfassend in das Netz traditioneller Geschlechterrollen und Machtverhältnisse verstrickt werden, weil wir Erwachsenen selbst meist so stark darin verfangen sind, daß wir sie unbewußt und ungewollt weitergeben.

Diese Erkenntnisse der Sozialisationsforschung geben also Grund genug, so früh wie möglich mit einer bewußten „emanzipatorischen" Erziehung anzufangen. Die sollte weniger auf Gleichbehandlung von Mädchen und Jungen ausgerichtet sein, sondern im Sinne kompensatorischer Erziehung beide Geschlechter in den Bereichen fördern, die im Zuge der üblichen Geschlechtersozialisation zu kurz kommen. In diesem Sinne ist es für Jungen wichtiger als für Mädchen, wenn sie lernen, Tische zu wischen und für kleinere Kinder zu sorgen – denn Mädchen lernen das meist sowieso. Mädchen könnten in der Zeit mit technischen Geräten umgehen, denn das lernen sie wahrscheinlich nicht „von selbst". Mädchen und Jungen brauchen also unterschiedliche Erfahrungen, um erweiterte Handlungsmöglichkeiten zu entwickeln.

Deutlich wurde auch, daß nicht nur die Familie für die geschlechtstypische Sozialisation verantwortlich zu machen ist, sondern ebenso Kindertagesstätten und Schulen, in denen Mädchen und Jungen oft weniger in ihrer Individualität, sondern vielmehr in ihrer Zugehörigkeit zur Gruppe der Mädchen oder Jungen behandelt und bewertet werden. Deshalb sollten sich auch Kindertagesstätten an emanzipatorischer Arbeit beteiligen und dabei Familien und Schulen soweit wie möglich mit einbeziehen. Denn alle diese Sozialisationsumwelten können wichtige Beiträge zu einer auf Emanzipation von alten Rollenzwängen und Machtverhältnissen gerichteten Sozialisation leisten und sind dabei um so erfolgreicher, je enger sie zusammenarbeiten. Damit werden zwar die strukturell-gesellschaftlichen Bedingungen nicht sofort und umfassend zu verändern sein, aber es wird mehr Menschen geben, die sie – zumindest für ihr persönliches Leben – in Frage stellen.

2.3. Der KJHG-Auftrag zur Förderung von Gleichberechtigung – Anlass für die Entwicklung von Zielperspektiven

In diesem Sinn ist der bereits erwähnte Absatz im KJHG, nach dem „die unterschiedlichen Lebenslagen von Mädchen und Jungen zu berücksichtigen, Benachteiligungen abzubauen und Gleichberechtigung von Mädchen und Jungen zu fördern" sind, nicht nur als mehr oder weniger lästiger, zusätzlicher Auftrag zu verstehen, den man oder frau ebensogut vernachlässigen kann, weil er ja in den Kinderbetreuungsgesetzen und Richtlinien sowieso nicht wieder aufgegriffen und spezifiziert wird. Vielmehr kann und sollte der KJHG-Auftrag auch als Möglichkeit, als Handhabe gesehen werden, sich – gegebenenfalls auch gegen Widerstände – für mehr Gleichberechtigung der Geschlechter in Kindertagesstätten einzusetzen.
Gerade weil er nicht näher spezifiziert ist, verlangt und ermöglicht dieser KJHG-Auftrag aber auch das Überdenken und Klären des eigenen Standpunkts und der eigenen Zielperspektiven. Um zur Diskussion anzuregen, stellen wir die Zielsetzungen vor, die uns wichtig erscheinen:
(a) Ein erstes Ziel ist die Überwindung starrer traditioneller Geschlechterrollen und die Förderung erweiterter und flexibler Geschlechtsidentitäten, so daß Jungen wie Mädchen die ihnen individuell mitgegebenen Potentiale auch tatsächlich entfalten können und nicht von vornherein die Hälfte davon als angeblich zu männlich oder zu weiblich abschneiden müssen. So sollte es zum Beispiel nicht mehr länger dem Bild eines „richtigen Jungen" widersprechen und nicht „unter seiner Würde" sein, wenn er sich beim Vater-Mutter-Kind-Spiel auch mal – nicht als „Mutterersatz", sondern eben als Vater – verantwortlich um seine Kinder kümmert, statt immer nur „Berufsmann" zu

spielen. Und es sollte mit dem Bild eines „richtigen Mädchens" vereinbar sein, daß sie genausogut Fußball oder Gameboy spielt wie Jungen, und diese das auch anerkennen. Eine solche Erweiterung der Bilder von „richtigen Mädchen" und „richtigen Jungen" führt noch lange nicht zum Verschwimmen der Geschlechtergrenzen, wohl aber zur Betonung der Ähnlichkeiten statt der Polarität zwischen den Geschlechtern und zur Betonung individueller Entfaltungsmöglichkeiten. Die sind für die psychische Gesundheit und damit auch für spätere Wechselfälle des Lebens durchaus von Vorteil: So wurde nachgewiesen, daß die Frauen und Männer, die sich sowohl typisch weiblich wie typisch männlich verhalten, ein höheres Selbstwertgefühl haben als diejenigen, die sich als Frauen einseitig weiblich oder als Männer einseitig männlich verhielten (s. Hagemann-White 1984: 28).

(b) Doch damit solche flexiblen Geschlechtsidentitäten nicht nur entstehen, sondern auch wirklich gelebt werden können, ist die Durchsetzung von realer – und nicht nur formaler – Gleichberechtigung notwendig. Das heißt zum einen: Mädchen dürfen gar nicht erst in die unterlegene Rolle gedrängt werden, sondern sollten auch in der Kindertagesstätte tagtäglich die Erfahrung machen, daß sie tatsächlich die gleichen Rechte haben wie Jungen. Und sie sollten schon hier das Selbstbewußtsein entwickeln können, diese Rechte immer dort einzufordern, wo sie ihnen verwehrt werden, wo Jungen sie z. B. mit dem Argument „Mädchen können das nicht" ausschließen. Denn dies Selbstbewußtsein werden sie auch später noch oft brauchen.

(c) Doch Gleichberechtigung kann nicht nur heißen, daß sich Mädchen und Frauen in der Männerwelt besser behaupten und sich den männlichen Normen und Fähigkeiten immer mehr angleichen, umgekehrt aber wenig passiert. Denn das würde nur eine Bestätigung der Höherbewertung des Männlichen bedeuten. Deshalb ist ein drittes Ziel, die Geschlechterhierarchie zu überwinden und die Gleichbewertung männlicher und weiblicher Fähigkeiten und Tätigkeiten zu erreichen. Hier sind also vor allem selbstbewußte Männer gefragt, die nicht nur auf ihre „männlichen", sondern auch auf ihre „weiblichen" Seiten stolz sind. Sie könnten Jungen ermutigen, auch diese Qualitäten zu entwickeln und ihr Selbstbewußtsein nicht auf einen brüchigen Überlegenheitsanspruch zu gründen. Wenn das gelingt, müßte sich das Aggressionspotential von Jungen nicht mehr so oft an der Diskrepanz zwischen Sein und Schein entzünden. Jungen könnten dann auch eher lernen, ein solches Verständnis von Männlichkeit gegen Angriffe und Abwertungen ihrer Geschlechtsgenossen sowie gegen die Verlockungen der traditionellen männlichen Rolle zu verteidigen. Sonst werden sie später dem gesellschaftlichen Druck zu „typisch männlichem" Verhalten nicht standhalten und sich von den herrschenden Strukturen und deren Vertretern allzu leicht unterkriegen lassen.

Ohne Gleichbewertung wird Emanzipation also sehr einseitig: Schon jetzt scheinen mißachtete weibliche Fähigkeiten wie Fürsorglichkeit und Geduld für Kranke, Kinder und Alte, oder persönlicher Austausch auch über Ängste und Zweifel immer mehr aus dieser Gesellschaft zu schwinden. Auch werden allzu viele Jungen wie Mädchen weiterhin nur „ferne Väter" haben, wenn Männer nicht ihren Teil der Emanzipation leisten und endlich zu verantwortungsvollen und fürsorglichen Vätern und Erziehern werden.

2.4. DIE CHANCEN VON KINDERTAGESSTÄTTEN, GLEICHBERECHTIGUNG ZU FÖRDERN

Das KJHG bietet also den gesetzlichen Rahmen, um sich in Kindertagesstätten mit der Geschlechterfrage auseinanderzusetzen. Auch wenn konkrete Mängel in den Rahmenbedingungen sowie an entsprechender Fortbildung die Möglichkeiten zu emanzipatorischer Arbeit mit Mädchen und Jungen erheblich einschränken können, gibt es in Kindertagesstätten dazu prinzipiell gute Möglichkeiten:

(a) Tageseinrichtungen für Kinder stellen einen wichtigen und in seiner Bedeutung wachsenden Sozialisationsbereich dar. Sie werden von fast allen Kindern ab drei Jahren bis zum Schuleintritt freiwillig besucht und bieten so die Möglichkeit, früh und in Abstimmung mit den Eltern mit emanzipatorischer Arbeit zu beginnen und diese Arbeit bei der zunehmenden Zahl von Kindern fortzusetzen, die anschließend in einen Schulhort gehen.

(b) Kindertagesstätten sind koedukative Einrichtungen, in denen Mädchen und Jungen fast täglich mehrere Stunden und oft über einige Jahre hinweg zusammen sind. Hier können sie also kontinuierliche Beziehungen in einer größeren gemischtgeschlechtlichen Gruppe sowie Vertrauen zu den ErzieherInnen aufbauen. Es bieten sich also gute Möglichkeiten, geschlechtstypisches Verhalten in Frage zu stellen, zu verändern und zu erweitern.

(c) Kindertagesstätten haben nicht nur einen Betreuungs- und Erziehungsauftrag, sondern auch einen Bildungsauftrag (KJHG, § 22, Abs. 2). Diese umfassende Aufgabenstellung berührt verschiedenste Lebensbereiche von Mädchen und Jungen, die alle zum Anlaß genommen werden können, geschlechtstypische Unterschiede bewußtzumachen, zu reflektieren und zu überwinden.

(d) ErzieherInnen in Kindertagesstätten sind in ihrem pädagogischen Handeln nicht an starre Lehrpläne gebunden und können die vorhandenen Freiräume für eine intensive Beschäftigung mit Geschlechterfragen nutzen. Vielleicht haben sie sogar die Möglichkeit zu gelegentlicher getrennter Mädchen- und Jungenarbeit.

(e) Die Arbeit in Horten bietet besonders gute Möglichkeiten, aber auch Anlässe zur Orientierung auf das Lernziel Gleichberechtigung. Denn Schulkinder können sich – wie schon ausgeführt – mit ihren weiterentwickelten geistigen und sozialen Fähigkeiten kritisch mit den traditionellen Rollenvorbildern auseinandersetzen und sind relativ offen für Alternativen. Statt daß Jungen in diesem Alter beginnen, ihre angebliche Vormachtstellung offensiv zu vertreten, könnten Mädchen und Jungen lernen, in einer nicht auf Über- und Unterordnung ausgerichteten Weise mit Konflikten umzugehen. Das könnte wesentlich zur Ausbildung einer flexibleren Geschlechtsidentität beitragen (s. Imhof 1985).

Ehe wir im dritten Teil dieses Buches Praxisansätze zu emanzipatorischer Arbeit beschreiben, wollen wir zunächst die Ergebnisse unserer Untersuchung in Horten vorstellen.

Teil II
Geschlechterverhalten und Geschlechter-
verhältnis in Großstadthorten:
Ein Blick in die Realität

Kerstin Frank

3. Zu unserer Befragung von Hortkindern und Erzieherinnen

Was wollten wir wissen?

Um herauszufinden, wie Geschlechterverhältnisse in Horten erlebt werden und wo emanzipatorische Arbeit in Horten sinnvoll ansetzen kann, führten wir eine Befragung in elf verschiedenen Horten durch. Dafür wählten wir zwei westdeutsche Großstädte – Mannheim und München –, da Horte in Westdeutschland immer noch vor allem in Großstädten und kaum auf dem Land zu finden sind. Für eine Einbeziehung weiterer Horte, vor allem auch aus dem Osten Deutschlands, war leider kein Geld vorhanden. So erhebt unsere Studie auch keinerlei Anspruch auf Repräsentativität.

In unserer Untersuchung ging es uns vor allem darum, von Mädchen und Jungen selbst zu erfahren, was es für sie in ihrem Hortalltag bedeutet, ein Mädchen bzw. ein Junge zu sein und wie sie sich auf andere Mädchen oder Jungen beziehen. Wir fragten Mädchen wie Jungen nach geschlechtsgetrennten und gemeinsamen Aktivitäten im Hort, nach dem Ausmaß von Konflikten und dem Umgang damit sowie nach ihrer Sichtweise des eigenen und des anderen Geschlechts. Weitere Fragen galten den Zukunftswünschen und -perspektiven von Mädchen und Jungen bezüglich Beruf, Partnerschaft und Familie.

Auch von den Gruppenerzieherinnen wollten wir wissen, welche Unterschiede und Gemeinsamkeiten sie im Verhalten von Mädchen und Jungen ihrer Gruppe sehen und wie sie deren Verhalten einschätzen. Die Erzieherinnen beantworteten auch einen kurzen Fragebogen zu den Rahmenbedingungen der Hortarbeit, also zur sozialen Zusammensetzung der Gruppe und zur Ausstattung mit Personal, Räumen, Material sowie zur Qualität des Freigeländes. Rahmenbedingungen sind bekanntlich von großer Bedeutung für die pädagogische Arbeit, für die Entfaltung der Kinder sowie für das „Klima" in den Gruppen und damit auch für das Geschlechterverhältnis. Die befragten Erzieherinnen hatten sich bisher alle nicht intensiv mit der Geschlechterfrage befaßt. Sie nahmen aber, ebenso wie die Kinder, freiwillig und aus eigenem Interesse an der Untersuchung teil.

Was für Horte besuchten wir?

Bei den elf in die Untersuchung einbezogenen Horten handelt es sich um zwei verschiedene Typen. Vier sind „Horte an der Schule", die in Regie des

Schulamtes Mannheim in leeren Klassenzimmern einiger Schulen eingerichtet wurden. Die Hortgruppen umfaßten bis zu 15 Kinder, die von einer Erzieherin betreut wurden. Mit einer Ausnahme waren diese Gruppen mit einer „Kernzeitenbetreuung" zusammengefaßt, in der Kinder von 10.30 Uhr bis 13.30 Uhr von einer Erziehungskraft betreut wurden, so daß über Mittag zwei Fachkräfte und bis zu 30 Kinder in einem Klassenraum anwesend waren. In einem dieser Horte gab es zwei, sonst nur je eine Gruppe, so daß die Kooperationsmöglichkeiten mit Kolleginnen sehr begrenzt waren. Jeder Gruppe stand nur ein einziger Raum zur alleinigen Verfügung. Der offene Schulhof stellte das – bestenfalls mit Tischtennisplatten und Bäumen ausgestattete – Freigelände dar. Nur in einem Fall grenzte ein Spielplatz mit weitläufigen Gebüschen, die von Jungen gern zum Lagerbauen benutzt wurden, unmittelbar an den Schulhof an.

Die anderen sieben Horte sind Jugendhilfeeinrichtungen der Stadt München. Vier von ihnen sind in eigenen Gebäuden, drei im Schulgebäude selbst untergebracht. Diese Horte haben alle zwei bis vier Gruppen. Jede Gruppe umfaßt bis zu 25 Kinder, die von einer Erzieherin und einer Kinderpflegerin oder Praktikantin betreut wurden. Diese Gruppen verfügen in vier Fällen nur über einen, ansonsten über zwei Räume. Zum Teil werden die Hausaufgaben in Klassenräumen durchgeführt, in denen vormittags Unterricht stattfindet.

Die Freigelände der Horte sind recht unterschiedlich (Schulhöfe, Sportplätze, eigene Gärten), durchweg aber sehr viel besser mit Spielgeräten ausgestattet und bieten meist auch mehr Spiel-Raum als die Mannheimer Schulhöfe.

Welche soziale Zusammensetzung hatten die Hortgruppen?

Die Mannheimer und Münchner Horte liegen in Stadtteilen mit sehr unterschiedlicher Sozialstruktur. Bewußt bezogen wir Horte in Villenvierteln ebenso in die Untersuchung mit ein wie Horte in Hochhaussiedlungen und sozialen Brennpunkten, in Innenstadt-Randgebieten ebenso wie in Vororten. Diese Vielfalt der Sozialstrukturen spiegelt sich bei den Hortkindern nur begrenzt wider: Da Hortplätze viel zu knapp sind, werden sie meist nach sozialen Härtekriterien vergeben. Deshalb finden sich in den meisten Hortgruppen mehr Kinder aus Ein- als aus Zweielternfamilien und ganz überwiegend Kinder mit berufstätigen Müttern. Die Mehrzahl der Kinder hat Geschwister. Der Anteil der ausländischen Kinder ist in den Horten unterschiedlich hoch. Bezogen auf alle Gruppen ist das Verhältnis aber in etwa eins zu eins.

In den meisten Gruppen gibt es ungefähr gleich viel Mädchen und Jungen, insgesamt sind die Mädchen jedoch etwas in der Überzahl. In einer Gruppe gab es doppelt soviele Mädchen wie Jungen.

Wie gingen wir bei unserer Untersuchung vor?

Nachdem in Vorkontakten die Teilnahmebereitsschaft der Erzieherin geklärt war und auch die Eltern ihr Einverständnis zur Befragung ihrer Kinder gegeben hatten, besuchten wir jeden der Horte an zwei bis drei Tagen, wobei wir uns am ersten Tag erstmal mit der Situation, der Erzieherin und den Kindern vertraut machten und, wenn auch unsystematisch, Mädchen und Jungen bei ihren Beschäftigungen drinnen und draußen beobachteten. Wir nahmen auch immer am Mittagessen teil, was weitere Möglichkeiten zur Kontaktaufnahme und Beobachtung der Mädchen und Jungen bot. Die Interviews mit den Mädchen und Jungen führten wir, getrennt nach Geschlecht, überwiegend in Gruppen von zwei bis drei Kindern durch. Die befragten Kinder waren zwischen sechs und elf Jahren alt, der Hauptanteil lag bei den Sieben- bis Neunjährigen. Insgesamt wurden 64 Mädchen und 70 Jungen verschiedener Nationalität befragt, wobei die deutschen Kinder etwas in der Überzahl waren. Alle Kinder beteiligten sich freiwillig an dem Interview, sie fanden es spannend, daß das Interview auf Tonband aufgenommen wurde, viele fanden auch die Inhalte interessant. Mädchen gaben öfter ausführlichere und differenziertere Antworten als Jungen, ihre Interviews sind deshalb zum Teil etwas länger. Dies mag mit den Inhalten des Interviews zusammenhängen sowie damit, daß die Interviewerinnen Frauen waren. Nicht alle Kinder gaben zu allen Fragen Auskunft, zum Teil, weil ihr Interesse gerade auf etwas anderes gerichtet war, zum Teil aber auch, weil ihnen nichts einfiel. Gelegentlich gab es auch deutliche „Ansteckungseffekte" in den Interviewgruppen, das heißt, die Mädchen oder Jungen übernahmen die Ansicht anderer Kinder. Sicher spielte auch gegenseitige soziale Kontrolle in den Gruppen eine Rolle: Mädchen wie Jungen vermieden vermutlich gelegentlich Aussagen, die das Mißfallen der anderen erregen könnten. Möglicherweise hätten die Kinder etwas andere Aussagen gemacht, wenn sie einzeln befragt worden wären. Mit den Gruppeninterviews wollten wir aber gerade solche Gruppennormen einfangen, die die Äußerungen und das Verhalten der Mädchen und Jungen im Hort auch in sonstigen Gruppensituationen bestimmen dürften. Natürlich darf man nicht annehmen, daß die Aussagen und das tatsächliche Verhalten der Kinder deckungsgleich sind. Aber durch die hohe Übereinstimmung der Aussagen von Mädchen und Jungen und teilweise auch der Erzieherinnen sowie unsere eigenen Beobachtungen zum Beispiel zu Konflikt- und Spielverhalten können wir doch davon ausgehen, daß Aussagen und Verhalten der Kinder im Hortalltag sich recht gut entsprechen. Das heißt aber wiederum nicht, daß sich manche Mädchen und Jungen in anderen Situationen nicht ganz anders verhalten: Einige Mädchen sagten zum Beispiel, daß sie im Hort kaum, zu Hause aber sehr oft mit Jungen spielen.

Auch die Erzieherinnen konnten nicht immer zu allen Komplexen befragt werden, was manchmal durch Zeitmangel, manchmal aber auch durch die Vertiefung anderer wichtiger Punkte des Interviews bedingt war. Klar ist, daß wir mit den Interviews „Momentaufnahmen" machten, daß wir also vielleicht nach einem halben Jahr andere Antworten bekommen hätten. Trotzdem haben wir den Eindruck, wichtige Aspekte und Tendenzen der Erfahrungen und Einstellungen von Mädchen und Jungen und ihren Erzieherinnen eingefangen zu haben.

Wichtig war uns, Mädchen und Jungen nicht voreilig auf Geschlechtsunterschiede festzulegen und dadurch dazu beizutragen, diese wieder ein Stück zu verfestigen, sondern auch die Variationsbreite ihrer Erfahrungen in den Blick zu bekommen.

Bei der Auswertung und Darstellung unserer Ergebnisse haben wir deshalb darauf geachtet, einerseits allgemeine Tendenzen der Aussagen aufzuzeigen, andererseits aber auch ihre Spannbreite. Auch die Unterschiede, die es zwischen den Horten gibt, kommen zur Sprache: Daran läßt sich, so meinen wir, ablesen, wie „traditionell" beziehungsweise wie „emanzipiert" Geschlechterverhalten und Geschlechterverhältnis von Mädchen und Jungen sowie von Erzieherinnen in verschiedenen Grundschulhorten wahrgenommen werden.

Gerade weil dies in jedem Hort etwas anders ist, können die im folgenden dargestellten Ergebnisse Anregung für ErzieherInnen sein, die eigene Situation und die eigene Position genauer wahrzunehmen, Beobachtungen und Gespräche mit Hortkindern durchzuführen und sich die Frage zu stellen, wo konkret emanzipatorische Geschlechterarbeit ansetzen kann.

4. Spielverhalten von Mädchen und Jungen – Gegensätze und Annäherungen

Ein Aspekt unserer Studie war das Spielverhalten von Mädchen und Jungen im Hort. Uns interessierte vor allem, inwieweit dadurch Geschlechtsrollen verstärkt oder erweitert werden. Wir befragten dazu die Kinder nach ihren Spielvorlieben und nach ihren SpielpartnerInnen. Die Fragen nach den Lieblingsspielen wurden offen gestellt, es gab keine Liste mit vorgegebenen Spielen. In der Darstellung der Ergebnisse werden die Aussagen der Kinder durch unsere Beobachtungen in den Hortgruppen sowie durch Aussagen der Erzieherinnen zu diesem Themenbereich ergänzt.

4.1. LIEBLINGSSPIELE UND GEMEINSAME AKTIVITÄTEN

Die folgenden Tabellen zeigen die „Hitlisten" der von Mädchen und Jungen im Hort bevorzugten Spiele. Es wurden dort die Spiele aufgenommen, die von den Kindern mehr als dreimal genannt werden.

Tabelle 1: *Lieblingsspiele im Freigelände*

Mädchen		Jungen	
Rollen- und Phantasiespiele	18	Fußball	39
Fangspiele	16	Fang- und Ballspiele	je 9
Ballspiele und Seilspringen	je 9	Kämpfen, Schlagen, Streiten	6
Rennen und Turnen an Geräten	je 8	Kartenwerfen, Verstecken	je 5
Fußball	5	Spielen an Geräten	4
Tennis	3	Mädchen ärgern oder schlagen, sowie Reden mit Freunden	je 3

Tabelle 2: *Lieblingsspiele im Innenbereich*

Mädchen		Jungen	
Rollen- und Phantasiespiele vor allem in der Puppenecke	35	Tisch- und Brettspiele	22
Malen und Basteln	26	Bauecke	20
Tanzen	13	Kämpfen, Schlagen, Streiten, andere ärgern, Dinge kaputtmachen	12
Ruheecke	11	Malen, Basteln, Kicker sowie Spielen in der Ruheecke – dort auch Lesen, Toben, Musikhören	je 7
Soziale und auf Haushalt bezogene Tätigkeiten wie Helfen, Tischabräumen, Kochen, „Bescheid sagen"	7	Hausaufgaben machen	4
Bauecke	5	Billard und Kegeln	je 3
Kicker und Hausaufgaben	je 4		
Höhle- und Lagerbauen und Spielen in einer Hängematte	3		

Wir unterschieden in der Auswertung der genannten Spielvorlieben zwischen „rollentypischen", „rollenuntypischen" und „geschlechtsneutralen" Spielen. Unter der Kategorie „rollenuntypisch" ordneten wir Spiele ein, die traditionell eher vom jeweils anderen Geschlecht bevorzugt werden. Für Mädchen ist das beispielsweise immer noch Fußball oder Bauecke, für Jungen Puppenecke oder Gummihüpfen. Unter „rollentypische" Spiele faßten wir also z. B. Puppenecke für Mädchen und Baueecke für Jungen. (Sicher ist die Abgrenzung nicht ganz klar, denn auch in der Bauecke spielen Jungen möglicherweise Rollenspiele, ohne sie in den Interviews zu erwähnen.) Unter „geschlechtsneutral" faßten wir Spiele, die in unseren Augen nicht eindeutig durch ein Geschlecht besetzt sind, wie z. B. Malen, Rennen, Klavierspielen oder Gesellschaftsspiele. Diese Typisierung ist zwar lediglich ein

Konstrukt, zudem ein recht fragwürdiges, orientiert es sich doch selbst an der Kategorisierung nach Geschlecht, deren einengender Charakter gerade kritisiert und nicht wieder festgeschrieben werden soll. Doch um Unterschiede (oder Gemeinsamkeiten) im Spielverhalten von Mädchen und Jungen deutlich werden zu lassen, ist es sinnvoll, sich dieser Typisierung zunächst zu bedienen.

Die Ergebnisse dieser beiden „Hitlisten" sowie die Berücksichtigung von Einzelnennungen, unsere Beobachtungen in den Hortgruppen und Interviewbeiträge der Kinder zu ihrem Spielverhalten lassen sich wie folgt zusammenfassen:

Mädchen spielen *mehr* sogenannte „geschlechtsneutrale" als „rollentypische" Spiele. Im einzelnen nennen sie 115mal „geschlechtsneutrale", 91mal „rollentypische", und 15mal „rollenuntypische" Lieblingsspiele.

Einige Mädchen sagen, sie hätten öfter Lust, Bauecke, Eisenbahn oder Fußball zu spielen, als sie es tatsächlich tun. Zu den Fußballspielen würden die Jungen aber z. B. nur die Mädchen zulassen, die sich besonders gut durchsetzen könnten. Andere würden nicht selten mit der Begründung „weil Du ein Mädchen bist" ausgeschlossen werden. Auch die Bauecke sei häufig von Jungen besetzt. Nur in einer Hortgruppe werden vorab Mädchen- und Jungentage für die Bauecke festgelegt.

Unsere Beobachtungen der Spielvorlieben der Mädchen haben gezeigt, daß sie unter sich im Innenbereich wie auch im Außengelände des Hortes äußerst „platzsparend" und wenig raumgreifend spielen. Für den Innenbereich nennen Mädchen wie Jungen 23 bzw. 24 verschiedene Spiele. Für Spiele auf dem Außengelände des Hortes hingegen nennen die Mädchen eine breite Palette an verschiedenen Spielen (24), während die der Jungen weitaus undifferenzierter ist (14).

Die Jungen nennen vor allem „rollentypische" Spiele (110mal). 70mal geben sie „geschlechtsneutrale" und nur achtmal „rollenuntypische" Spiele an (davon zwei nur auf Nachfrage). „Mädchen ärgern" ist bei den Jungen beliebter als bei den Mädchen „Jungen ärgern" (nur Einzelnennung). Die Begeisterung für Kämpfen, Schlagen, Streiten oder das Zerstören von Dingen, von den Jungen insgesamt 18mal als Lieblingsbeschäftigung genannt, findet sich in den Nennungen der Mädchen überhaupt nicht.

Die meisten der Jungen-Spiele sind auf Wettkampf und Konkurrenz ausgerichtet. Auch bei den Gesellschaftsspielen nennen sie, anders als die Mädchen, häufig solche mit eindeutigem Gewinner und Verlierer.

Spielen die Jungen draußen, so beanspruchen sie viel Platz, insbesondere für Fußball. Aber auch im Innenbereich nehmen sie sich mehr Raum und tragen unseren Beobachtungen zufolge entscheidend zum Geräuschpegel im gesamten Hortraum bei – nicht nur beim Toben im Raum oder durch ihre häufigen Zwischenbemerkungen während der Stuhlkreise, sondern auch dann, wenn sie in bestimmten Ecken oder an Tischen spielen.

Nach diesen deutlichen Unterschieden in den Spielvorlieben fragt man sich: Was machen Mädchen und Jungen im Hort eigentlich gemeinsam? Gemeinsame Aktivitäten kommen, vor allem im Innenbereich, häufig durch Anregung und Beteiligung der Erzieherin zustande. Von alleine spielen Mädchen und Jungen drinnen am ehesten solche Spiele zusammen, die relativ geschlechtsneutral sind. Das sind Spiele, die sie auch nach Geschlecht getrennt spielen und in denen sich beide Geschlechter kompetent fühlen, wie z. B. Gesellschafts- und Rollenspiele. Zwar werden Rollenspiele von den wenigsten Kindern selbst als gemeinsame Beschäftigung erwähnt. Unseren Beobachtungen zufolge spielen sie sie jedoch relativ häufig zusammen. Wenn Mädchen und Jungen Rollenspiele als gemeinsame Aktivität erwähnen, dann nennen sie in den wenigsten Fällen Vater-Mutter-Kind-Spiele in der Puppenecke, sondern am ehesten raumgreifende und „geschlechtsneutrale" Rollenspiele wie z. B. Hunde und Dompteur etc.

Im Freien wird (Kuß-)Fangsti als beiderseits beliebtes Spiel genannt. Wahrscheinlich trägt dabei das jeweils andere Geschlecht wesentlich zur Spannung bei, da bei diesem Spiel körperliche Berührungen erlaubt sind, obwohl es nach einem „Gegeneinander" aussieht. In ähnlicher Weise dürfte auch Verstecken für manche eine erotische Komponente beinhalten: Ein Junge berichtet begeistert, daß ihn die Mädchen beim Versteckspiel immer finden.

In einigen Horten spielen Mädchen und Jungen gemeinsam Fußball. Allerdings wird dieses Spiel eindeutig von den Jungen dominiert. In den meisten Fällen sind sie es, die darüber bestimmen, ob Mädchen zugelassen werden oder nicht, wobei nicht immer das Spielvermögen der Mädchen, sondern oft allein ihr Geschlecht für den Ausschluß entscheidend ist.

4.2. EMPATHIE ODER KONKURRENZ
WAS LERNEN MÄDCHEN UND JUNGEN IN IHREN SPIELEN?

Welche unterschiedlichen Lernerfahrungen erschließen sich Mädchen und Jungen, wenn sie „rollentypische" Spiele bevorzugen? Welche Erfahrungen bleiben eher unberücksichtigt?

Durch die Bevorzugung sozialer Rollenspiele üben sich Mädchen in Empathie und Perspektivenwechsel. Da sie häufig realistische Rollen und Beziehungen aus ihrem Alltag (oder dem ihrer Mütter) nachstellen (wie Schule, Familie, Büro), bilden sie über das Spiel einerseits verstärkt ihre soziale Kompetenz aus, andererseits üben sie sich bereits in traditionellen weiblichen Rollen: Mutter, Lehrerin, Sekretärin, Verkäuferin, nicht aber in Alternativen dazu. In Rollenspielen werden darüber hinaus häufig häusliche oder schulische Konfliktsituationen und Probleme bearbeitet. Kinder, die intensiv Rollenspiele machen, nutzen diese vielleicht auch als Möglichkeit, Aggressionen oder Ängste zu verarbeiten, sie sich „vom Leib zu spielen" (Haberkorn 1992: 63), anstatt sie „herunterzuschlucken" oder sie unmittelbar gegen andere Kinder zu richten. Mädchen nennen außerdem häufiger Phantasiespiele ohne Vorlagen aus den Medien als Jungen. Sie bringen also mehr eigene Vorstellungsgabe und Kreativität ein, als es das Nachspielen von Film- oder Comicvorlagen erfordert, das von den Jungen häufig als Thema ihrer Rollenspiele genannt wird.

Die traditionellen Bewegungsspiele von Mädchen wie Seilspringen oder Gummihüpfen, Turnen und Tanzen bilden Geschicklichkeit (grobmotorische Koordinationsfähigkeit), Beweglichkeit, Körper- und Rhythmusgefühl aus. Gertrud Pfister charakterisiert die von Mädchen und Frauen bevorzugten Sportarten als „Sportarten und -formen, in denen sie sozial vermittelten Normen der Ästhetik genügen, kreativ und kooperativ sein können und keinen Leistungsvergleichen ausgesetzt sind" (Pfister 1982: 215). Die Mehrzahl der von Mädchen genannten Bewegungsspiele erfordert nicht viel körperliche Ausdauer, Anstrengung oder Risikobereitschaft. Es scheint, daß Mädchen Risiken dehalb meiden, weil sie einerseits „vernünftiger" sind (bzw. Angst eher zugeben dürfen) und deshalb Gefahren realistischer einschätzen als Jungen, die sich vor anderen beweisen müssen. Andererseits sind Mädchen vermutlich oft übervorsichtig.

Der Umgang mit offenen Konkurrenzsituationen wird in den von Mädchen genannten Spielen ebenfalls wenig geübt. Bevorzugen Mädchen mädchentypische Spiele, so lernen sie nur unzureichend, ihre körperliche Belastbarkeit und Stärke realistisch einzuschätzen und möglicherweise auch zu steigern. Wie später im 5. Kapitel gezeigt werden wird, beeinflußt die Unterschätzung der eigenen körperlichen Stärke, aber auch mangelndes Training entscheidend das Selbstbild von Mädchen. Dies schwächt wiederum ihr Selbstbewußtsein in Konflikten mit Jungen.

Für die Jungen, die in der Wahl ihrer Spiele noch traditioneller und eingeschränkter sind als die Mädchen, bedeutet diese rollentypische Orientierung, daß sie (z. B. über Konstruktionen in der Baueecke) handwerkliches Geschick, räumliches und technisches Denken und Vorstellungsvermögen ausbilden. Sie sammeln Erfahrungen in offenen Wettbewerbs- und Konkurrenzsituationen, entwickeln Vertrauen in ihre körperlichen Kräfte, indem sie diese in Kampf- und Bewegungsspielen trainieren und sich in körperlichen Risikosituationen erproben (soweit das im Hort möglich ist). Pfister vergleicht diese Orientierung der Jungen mit den von Männern bevorzugten

Sportarten: „Männer wählen eher wettkampforientierte, kraftbetonte und risikoreiche Disziplinen, die eine Statuszuweisung ermöglichen und als Einübungsfeld für in unserer Gesellschaft wichtige Handlungsorientierungen dienen können" (Pfister 1982: 215). Jungen üben weniger körperliche Koordinationsfähigkeit, Geschicklichkeit und Kooperation, wie man sie z. B. beim Seilspringen, Tanzen, Gummihüpfen und Turnen benötigt.

Bevorzugen Jungen vorwiegend jungentypische Spiele, so sammeln sie auch bedeutend weniger als Mädchen Erfahrungen in Rollenspielen mit realistischen sozialen Rollen, was die Entwicklung von Empathie und sozialer Kompetenz auch bei Jungen fördern könnte. Bei ihren Rollenspielen nehmen Jungen nicht die Alltagssituationen ihrer Väter zum Vorbild. Vielmehr bevorzugen sie fiktive Vorlagen aus den Medien, in denen sie als Helden aus Kampf- und Wettbewerbssituationen hervorgehen. Vielleicht drückt sich darin der Wunsch der Jungen nach Identifikation mit Leitbildern aus (vgl. Kap. 2.1.). Jedoch sind die Medienhelden gerade solche, die in einer urbanisierten und hochtechnisierten Gesellschaft eher dysfunktional sind (s. Kürthy 1978: 152).

4.3. „MIT JUNGS EHER SELTEN" – „MÄDCHEN SIND DOOF": SPIELPARTNERINNEN IM HORT

Mädchen wie Jungen bevorzugen in ihren Spielen jeweils Kinder des eigenen Geschlechts. Auf die Frage „mit wem spielst du meistens im Hort?" zählen nur fünf von 70 Jungen (davon vier aus derselben Hortgruppe) und nur vier von 64 Mädchen in ihren spontanen Antworten auch Namen des anderen Geschlechts auf. (Allerdings darf bei der Einschätzung der Antworten nicht vergessen werden, daß wir die Kinder nur nach SpielpartnerInnen im Hort befragten, wo sie unter Beobachtung der übrigen Gruppe stehen. In ihrer häuslichen Umgebung, so geht aus einigen Aussagen hervor, spielen einzelne Mädchen und Jungen durchaus zusammen.)

Auf unsere weiteren Nachfragen „geben" 31 Jungen und 25 Mädchen „zu", auch mit Mädchen bzw. Jungen zu spielen. Allerdings ist es vor allen den Jungen wichtig, den Seltenheitscharakter zu betonen: Auf genauere Nachfragen antworten sie häufig „nur ab und zu mal", „bloß ganz manchmal", oder so wie Enrico (9 J.): „Nur mit der Ramona, die lieb' ich, mit den anderen nicht." Viele Jungen meinen mit Nachdruck „ich spiele überhaupt nicht mit Mädchen" und fügen ihrer Aussage abfällige Bemerkungen über Mädchen hinzu (s. u.). Die Mädchen äußern sich über die Jungen als Spielpartner in der Regel nicht so ablehnend wie die Jungen über die Mädchen.

Auch in der Anzahl der gleichgeschlechtlichen SpielpartnerInnen unterscheiden sich Mädchen und Jungen. Die 64 befragten Mädchen zählen insgesamt 52 Mädchen auf, mit denen sie im Hort gerne spielen, während die 70 Jungen 92 andere Jungen nennen. Eine mögliche Erklärung für diesen Unterschied: Mädchen konzentrieren sich auf wenigere (und vielleicht vertrautere) Freundinnen, während Jungen in der Wahl ihrer Spielpartner variabler sind und vielleicht auch in größeren Gruppen zusammen spielen als Mädchen. Die genannten Gründe für die Ablehnung andersgeschlechtlicher SpielpartnerInnen variieren bei Jungen und Mädchen deutlich:

(a) Aus der Sicht der Mädchen halten Jungen häufig die Spielregeln nicht ein oder bringen die von Mädchen bevorzugten Spielbereiche in Unordnung. Folgende Aussagen waren keine Seltenheit: „Die Buben spielen in der Puppenecke so eklig, und wir müssen dann alles aufräumen und schön einräumen", meint Sonja (8 J.). Steffi (7 J.) sagt: „Jungen brechen das Gesetz."

(b) Einige Mädchen würden gerne öfter mit Jungen spielen, fürchten aber deren körperliche Gewalt: „Und spielt ihr auch manchmal mit Jungs?" „Nur ungern." Und warum? „Weil die mir viel zu wild sind. Zum Beispiel der David und der Helge, die schlägern uns Mädchen immer. Nur weil sie denken, sie sind stärker" (Clara, 9 J.). Vor allem, wenn sie Spiele verlieren, scheinen einige Jungen mit körperlicher Aggression zu reagieren. Wenn ein Mädchen dagegen in einen Jungen verliebt ist, dann verschont er sie von körperlicher Gewalt, und sie kann mit ihm spielen, wird uns berichtet. Die übrigen Jungen müsse sie aber weiterhin meiden, es sei denn, ihr Verehrer beschütze sie.

(c) Ein paar Mädchen fürchten, daß ihnen die anderen Kinder Verliebtheit unterstellen, wenn sie mit Jungen spielen.

(d) „Jungen spielen fast nur Fußball", beschweren sich einige Mädchen. Wollen Mädchen mit Jungen etwas gemeinsam machen, so müßten sie Fußball spielen. Aus ganz unterschiedlichen Gründen haben einige Mädchen dazu keine Lust: „Es wird so viel gefoult", „man macht sich die Kleidung so dreckig", „das ist nichts für uns", oder „ich hab mir schon mal den Arm dabei gebrochen" sind nur einige Erklärungen, mit denen Mädchen ihre Abneigung gegen Fußball begründen.

(e) Mehrere Mädchen beklagen sich auch, von Jungen aus deren bevorzugten Spielbereichen ausgeschlossen zu werden: „Zum Beispiel Bauecke, da sind sie (die Jungen) hart. Mädchen dürfen da nicht rein. Und dann tun sie immer so einen Zettel hin, wer reingeht, den bringen wir um oder sowas", beschwert sich Cordula (8 J.). „Und dann könnt ihr nicht rein?" „Nein. Aber die gehen jeden Tag rein. Und zuschauen dürfen wir auch nicht."

(f) Die Qualität von Mädchenbeziehungen nennen Mädchen als weiteren Grund, weshalb sie lieber untereinander spielen als mit Jungen. Vor allem die

Vertrautheit und das Vertrauen unter Mädchen stehen hierbei im Vordergrund: „Mädchen kann man mehr anvertrauen", „Mit Mädchen ist man unter Freunden", sind typische Aussagen. Außerdem schätzen Mädchen das integrative Verhalten untereinander: „Die Mädchen spielen mit uns, die Buben fragen nicht, ob wir mitspielen können und umgekehrt", erklärt Jana (7 J.). Welche Gründe führen nun Jungen für die Bevorzugung von Jungen und die Ablehnung von Mädchen als SpielpartnerInnen an? Zwei Jungen beziehen sich in ihren Erklärungen auf die Art und Weise von Jungenspielen: „Es gefällt uns am Spiel mit Jungen, daß die mit uns herumtoben und fast die gleichen Sachen machen wie wir", meint Günther (8 J.) und sein Freund ergänzt: „Jungen haben gute Ideen" (Michael, 11 J.).

Weitaus häufiger äußern Jungen jedoch als Grund für die gleichgeschlechtliche Wahl eine pauschale Abwertung und Ablehnung von Mädchen. Wenn zunächst ausschließlich Jungen als Spielpartner genannt wurden, fragten wir nach: „Spielt ihr manchmal auch mit Mädchen?" Nicht selten sind die Kommentare der Jungen auf unsere Nachfrage entweder Würg- oder Brechgeräusche oder auch Statements wie: „ich hasse Mädchen" und „mit Mädchen spielen wir nicht, die ficken wir bloß". Schon als Sechsjähriger fühlt sich Bert den Mädchen überlegen: „Ich mag nicht mit kleinen Mädchen spielen." Einzelne Jungen spielen mit dem Mädchen, in das sie gerade verliebt seien, die anderen aber lehnen sie ab.

Äußerungen wie „aber wir sind die Chefs" und „meistens erwischen wir die Bauecke, das gehört sich so, weil wir früher reingehen als die Weiber" (Jörg 10 J.) machen den Dominanzanspruch von Jungen deutlich: Sie meinen, bestimmen zu können, was, wie und mit wem gespielt wird.

Für manche Jungen kommt das Spiel mit Mädchen deshalb nicht in Frage, weil sie deren Lieblingsspiele verachten: „Mädchen spielen langweilige Sachen" oder auch „Babyspiel, das kennt man schon auswendig". Möglicherweise lehnen Jungen „Mädchenspiele" (wie etwa Seilspringen oder Gummihüpfen) auch deshalb ab, weil sie diese wenig ausprobieren und demzufolge auch kaum entsprechende Kompetenzen und Erfolgserlebnisse vorweisen können: „Was Mädchen gut können, wird zur Mädchensache erklärt und abgewertet, so daß Buben, die dasselbe vielleicht gar nicht können, es gar nicht mehr können müssen oder sollen. Was Buben können, ist allein schon dadurch aufgewertet und man muß die Mädchen davon abhalten, in diesem Bereich mitzukonkurrieren" (Mühlen-Achs 1990: 40).

Während Mädchen nur sieben Spiele nennen, die sie am liebsten ausschließlich mit anderen Mädchen spielen, wollen die Jungen bei 30 Spielen (davon 19 verschiedene) keine Mädchen dabei haben. Nicht nur bei „Mädchen zusammenschlagen" und „Kämpfen", sondern auch in der Puppenecke und „beim Reden" möchten Jungen lieber unter sich sein. (Letzteres wird von Kerim, 10 Jahre alt, mit der Verschiedenheit von Mädchen und Jungen begründet: „Mit den Mädchen kann man nicht so miteinander reden, weil die anders sind als wir Jungen.") Mädchen wollen unter sich sein, wenn sie Bauchtanz machen, Geheimnisse austauschen oder aus dem Hort ausbüchsen.

Wie reagieren Mädchen und Jungen auf den Ausschluß durch das andere Geschlecht?

Viele Mädchen äußern Enttäuschung über den Ausschluß durch Jungen. Oft resignieren sie und ziehen sich aus der Bauecke oder vom Fußballfeld zurück. Manche reagieren ihrerseits mit Ausschluß: „Wir sind ja nicht doof. Wenn die uns nicht mitspielen lassen, lassen wir die auch nicht mitspielen" (Marcella, 8 J.).

Die Jungen hingegen bekunden eher Überlegenheit. Sie werten die Mädchen oder ihre Spiele ab, von denen sie ausgeschlossen werden. Dann heißt es: „Aber das sind so Sachen, wo wir gar nicht spielen wollen." Oder sie greifen wie Sascha (10 J.) zu „Erziehungsmaßnahmen", wenn sie von Mädchen ausgeschlossen werden: „Wenn sie uns nicht mitspielen lassen, zahlen wir es ihnen heim." Manchmal lassen sie sich aber auch gar nicht abhalten und brechen in das Spiel der Mädchen einfach ein.

Auszüge aus unseren Beobachtungen zu gemeinsamen Spielen von Mädchen und Jungen

„... sondern suchen sich ein neues Spiel "

Marion und Nadja spielen auf einer Plattform Federball. Nach einer Weile haben sie keine Lust mehr, stellen sich ans Geländer der Plattform und schreien zu den Jungen auf dem Klettergerüst rüber. Zwei Jungen kommen auf die Plattform. Kemal ärgert Nadja. Nadja kämpft mit Kemal. Nadja und Marion rutschen auf einer Metallstange, die am Ende der Plattform steht, in den Sandkasten hinunter, weil sie sich gegen Kemal nicht wehren können. Kemal spuckt ihnen hinterher und macht mit den Fingern das Fickzeichen. Er verhindert, daß die Mädchen wieder hochkommen können, indem er sich an der Treppe postiert und tritt und spuckt. Die Mädchen machen schließlich keinen Versuch mehr, sondern suchen sich ein neues Spiel.

„Nach einer Weile tanzt nur noch ein Mädchen"

In einem Raum ist nach den Hausaufgaben eine Disco aufgebaut worden. Die Tische sind als Bühne zusammengeschoben. Fünf Jungen tanzen auf der Bühne zu einer Kassette, die Lukas gehört. Vier Mädchen sitzen vor der Bühne als Zuschauerinnen.
Die Jungen hüpfen von der Bühne und wieder hinauf. Jetzt wollen die Mädchen auch gerne auf die Bühne, aber die Jungen lassen sie nicht und es ist auch kein Platz. Als ein Tanz zu Ende ist, fragt die Erzieherin: „Dürfen die Mädchen jetzt auch mal?" Lukas: „Nein. Wenn die Mädchen tanzen dürfen, dann nehm ich die Kassette weg, es ist nämlich meine."
Schließlich einigen sich die Jungen und die Erzieherin nach längerem Hin und Her, daß die Mädchen nach drei Tänzen auch tanzen dürfen. Lukas: „Aber nach uns ist erstmal 20 Minuten Pause." Nach einer Einigung meint Lukas: „Ich tanz aber mit, wenn die Mädchen tanzen."
Nach drei Tänzen wollen die Mädchen. Die Jungen behaupten, daß erst zwei Tänze um sind. Die Erzieherin zu den Mädchen: „Noch einen, dann wird zurückgespult, dann dürft ihr."
Als es endlich soweit ist, rennen die Mädchen mit Jubel auf die Bühne. Die Jungen wollen nicht heruntergehen. Die Erzieherin greift ein. Nur drei der fünf Jungen setzen sich, um zuzuschauen. Das Gerät wird von einem Jungen lange nicht eingeschaltet, erst nachdem die Erzieherin interveniert. Die Mädchen beginnen zu tanzen. Als die Jungen die Mädchen auslachen und Witze über sie machen, bewegen sich die Mädchen plötzlich linkisch und wenig raumgreifend. Sie orientieren sich in ihren Bewegungen sehr aneinander. Die Jungen: „Wir haben besser getanzt als die." Nach drei Viertel des Tanzes wollen die Jungen unbedingt wieder auf die Bühne. Lukas: „Ich tanze mit, das ist meine Kassette." Die Erzieherin unterstützt die Bildung einer gemischten Gruppe. Die Mädchen sind einverstanden. Lukas sucht aus, wer zur Gruppe gehört (zwei Mädchen und drei Jungen). Lukas und Ferdi stellen sich in die erste Reihe, die Mädchen in die zweite.

Schließlich tanzt eine Hälfte der Kinder auf der Bühne, die andere auf den Zuschauerplätzen. Nach einem Wechsel, den die Erzieherin einleitet, tanzt aber Lukas wieder oben. Er macht sich laut über das Tanzen der Mädchen lustig. Nach einer Weile tanzt nur noch ein Mädchen.
Natürlich gibt es durchaus dominante Mädchen und Jungen, die sich nicht so gut durchsetzen können.

„Sag ihr mal, daß Jimmy eine Strafarbeit kriegt"

Grit kommt die Idee, bunte Herbstblätter zu sammeln. Sie ruft nach Jimmy, der erst seit sechs Wochen in der Gruppe ist, und versucht ihn zu Blättersammeln zu überreden.
Im Freien möchte Jimmy, wie besprochen, bunte Blätter sammeln, Grit verlangt jedoch, daß er nun Federn für Indianer sammelt. Als Grit keine Federn mehr findet, sagt sie zu Jimmy: „Jetzt kannst du Blätter sammeln."
Jimmy findet eine große Taubenfeder. Erst sagt sie: „Die brauchen wir nicht", dann möchte sie sie ihm wegnehmen. Als er sich das nicht gefallen läßt, versucht sie ihn zu überreden, daß er die Feder wegwirft. Er bringt sie der Beobachterin zur Aufbewahrung. Grit kommandiert Jimmy weiter rum.
Dann erscheint ein zweites Mädchen, das ihn zu den Hausaufgaben holen soll. Die Mädchen tuscheln, dann versuchen sie beide, Jimmy die Feder wegzunehmen. Er fäng laut an zu schreien. Grit fordert das andere Mädchen auf, zur Erzieherin zu gehen: „Sag' ihr mal, daß Jimmy eine Strafarbeit kriegt, weil er die Feder nicht hergibt."

4.4. FAZIT

In ihrem Spielverhalten orientieren sich Mädchen wie Jungen – zumindest in Horten – nach wie vor stark an traditionellen Mustern. Jungen bevorzugen noch mehr als Mädchen „rollentypische" Spiele. Beiden Geschlechtern entgehen durch diese (Selbst-)Einschränkung wichtige Lernerfahrungen.
Jungen spielen eher raumgreifend, Mädchen eher „platzsparend". Letzteres wird auch durch andere Studien bestätigt. Jutta Wolf, Gudrun Wrage und Silvia Schulze-Thiemig beispielsweise beobachten in Kieler Kindertagesheimen während des Freispiels bei Mädchen ebenfalls eine „relative Bewegungsarmut" (1990: 70). Brunhilde Christoph und Elfi Siegel behaupten aufgrund ihrer Studie in Vorschuleinrichtungen, daß Mädchen im raumsparenden Verhalten unterstützt werden, indem sich die Erzieherinnen deutlich mehr mit den am Tisch sitzenden Mädchen beschäftigen (s. Preissing/Best 1985: 44).

Das raumgreifende Verhalten der Jungen könnte also auch dadurch mitbegründet sein, daß sie häufiger als Mädchen ohne Anleitung der Erzieherin spielen, da viele Spielangebote, wie beispielsweise Basteln, eher die Interessen der Mädchen ansprechen und die Jungen sich dabei langweilen (s. auch Haberkorn 1992: 68).

Gemeinsame Spiele sind den Aussagen der Kinder zufolge eher selten. Es scheint in den meisten Horten eine „Norm" zu geben, nicht mit Kindern des anderen Geschlechts zu spielen, wobei Mädchen eher sagen, sie würden auch gerne mit Jungen spielen, als umgekehrt. Während über diese „Norm" hinaus Mädchen Jungen als Spielpartner aus dem konkreten Grund meiden, weil sie deren unsoziales und aggressives Verhalten fürchten, lehnen Jungen Mädchen als Spielpartnerinnen eher pauschal ab bzw. finden deren Spiele langweilig.

4.5. „DIE JUNGEN LASSEN DIE MÄDCHEN MIT FUSSBALL SPIELEN, DAS FINDE ICH TOLL" SPIELVERHALTEN AUS DER SICHT VON ERZIEHERINNEN

Die Aussagen der elf befragten Erzieherinnen zum Spielverhalten von Mädchen und Jungen stimmen weitgehend mit denen der Kinder überein. Auch die Erzieherinnen nennen nur wenige rollenerweiternde Aktivitäten. Selbst in der Bauecke, so zwei Erzieherinnen, würden Mädchen eher eine „Frauenwelt" aufbauen, nämlich Wohnstätten und Tiergelände gestalten und weniger Konstruktionen erfinden. Rollenuntypische Einzelnennungen für Mädchen, die diese selbst nicht erwähnen, sind Werken, Fußball und Skateboard. Letzteres wird aber sehr selten benutzt, und die Äußerung der Erzieherin „da kann man ja leicht runterfallen – Mädchen tun sich schneller weh" läßt offen, ob hier die Ängste der Erzieherin oder die Ängste der Mädchen gemeint sind.

Gibt es für die Mädchen wenigstens noch diese Hinweise auf rollenerweiternde Spiele, so werden von den Erzieherinnen für die Jungen ausschließlich traditionelle Beschäftigungen genannt. Insgesamt zählen die Erzieherinnen mehr Lieblingsspiele von Jungen als von Mädchen auf. Dagegen weisen die Aussagen der Kinder ein umgekehrtes Verhältnis auf.

Die Erzieherinnen zählen mehr noch als die Kinder Rollenspiele zu den gemeinsamen Aktivitäten von Mädchen und Jungen. Sie gehen genauer als die Kinder auf die Inhalte der Rollenspiele ein und weisen darauf hin, daß sie sich weniger auf Familiensituationen als auf Situationen wie Schule, Bus, Schiff oder auf Tiere beziehen. Spielen sie dennoch „Familie", so übernehmen die Jungen, meint eine Erzieherin, gerne die Rollen von Tieren oder

Babies und selten die Vaterrolle. Nur eine Erzieherin berichtet, daß männliche und weibliche Rollen in Rollenspielen durchaus getauscht werden. In anderen Hortgruppen chauffieren in der Regel die Jungen den Bus oder werden aktiv, wenn das Schiff (Hängematte) in Seenot gerät. Nur als Tierbändigerin oder Hundedompteuse behalten Mädchen, die dieses Spiel meist initiiert haben, ihre führende Rolle.

Andere gemeinsame Spiele im Innenbereich wie Vorlesen, Geschichtenerzählen, Tanzen sowie Regelspiele kommen häufig nur auf Anregung der Erzieherin zustande. Als gemeinsames Spiel im Freien nennen die Erzieherinnen am häufigsten Fußball, wobei sie das hohe gesellschaftliche Prestige dieses Spiels zu übernehmen scheinen. Von den Erzieherinnen wird nicht problematisiert, daß Jungen beim Fußballspiel dominieren. Im Gegenteil: „Die Jungen lassen die Mädchen mitspielen, das finde ich toll", lautet die Aussage einer Erzieherin, die unbeabsichtigt den Dominanzanspruch der Jungen deutlich werden läßt.

Fangen erwähnen die Erzieherinnen im Gegensatz zu Mädchen und Jungen kaum als gemeinsames Spiel. Hüpfspiele oder Seilspringen, in denen Mädchen einen Erfahrungsvorsprung hätten, gar nicht. Bei diesen Spielen wird Gemeinsamkeit von den Ezieherinnen aber auch nicht angeregt, beispielsweise, indem sie sie bewußt hervorheben und als attraktiv und gleichwertig darstellen.

Insgesamt werden von den Erzieherinnen also kaum rollenerweiternde Beschäftigungen für Mädchen und Jungen genannt. Einige der Erzieherinnen beobachten zwar diesbezügliche Interessen, vor allem von Mädchen, unterstützen diese aber offensichtlich wenig. So äußert eine Erzieherin, daß manche Mädchen auch gerne Kicker spielen würden, dazu aber in eine andere Hortgruppe gehen müßten, was sie sich weniger trauen als die Jungen. Mädchen würden – nach Aussagen zweier Erzieherinnen – gerne öfter in die Bauecke gehen, als sie es tun (was die Mädchen selbst bestätigen; s. o.), dort ist dann aber wegen der raumgreifenden Bauweise der Jungen für die Mädchen oft kein Platz mehr. Mädchen hätten gerne öfter einen ganzen Raum oder zumindest eine ungestörte Ecke für sich, bemerkt eine Erzieherin. Müßten hier nicht vielleicht die Jungen mehr begrenzt und die Mädchen mehr bestärkt werden?

Einige Erzieherinnen registrieren sehr wohl (selbst-)einschränkendes Rollenverhalten unter den Kindern, verändern aber kaum etwas daran, daß „sich Mädchen draußen weniger intensiv bewegen, Nässe, Kälte, Schmutz und Verletzungsgefahren aus dem Weg gehen". Einige Erzieherinnen bemühen sich aber, die Jungen für das Tanzen zu begeistern, trotz deren Angst, sich zu blamieren.

Unterschiede im Spielverhalten von Mädchen und Jungen werden von den

Erzieherinnen durchaus erkannt, jedoch nicht explizit in Zusammenhang mit einschränkender Geschlechtersozialisation und -hierarchie gebracht, denen entgegenzuwirken durchaus in ihrem Verantwortungsbereich liegen sollte. Gottfried Bichsel (1994: 34) bezieht sich auf Ulrike Schmauch (1987). Sie gibt zu bedenken, daß gerade die starke Orientierung von Jungen an Bewegung auch den Hintergrund haben könnte, „daß Jungen in dieser Bewegung ihre Stärke spüren und darüber ihre Ängste, Hilflosigkeit und Schwäche ‚vergessen'". Die Frage, „ob die Erwachsenen dieses Verhalten nicht verstärken, da sie offenbar selbst Probleme haben, einen Jungen als schwach und hilflos zu sehen" (Bichsel 1994: 34), könnte auch für Erzieherinnen interessant sein.

Die von uns festgestellten beträchtlichen Unterschiede in Spiel- und Beschäftigungsvorlieben von Mädchen und Jungen werden auch in einer Befragung acht- bis zwölfjähriger Kinder nach ihrem Freizeitverhalten deutlich (Deutsches Jugendinstitut 1992). Nur wenige der damals befragten Kinder wurden jedoch in Horten betreut, wo Erzieherinnen Mädchen wie Jungen ein breiteres Spektrum an Beschäftigungen vermitteln könnten.

Nicht nur die Kinderinterviews, sondern auch die Befragung der Erzieherinnen belegen, daß in Horten trotz des begrenzten Beschäftigungs- und Raumangebotes und trotz der Einflußmöglichkeiten der Erzieherinnen die Lieblingsbeschäftigungen von Mädchen und Jungen sehr verschieden und überwiegend sehr traditionell, und die gemeinsamen Aktivitäten sehr selten sind. Die Chancen zur Anregung rollenübergreifender Aktivitäten werden so gut wie gar nicht genutzt.

5. Schön oder stark? – Selbst- und Fremd-
wahrnehmung von Mädchen und Jungen

Worauf stützt sich das Selbstbild und die Wahrnehmung ihres Geschlechts bei Mädchen und Jungen im Grundschulalter, wo sehen sie selbst ihre Stärken und Fähigkeiten als Mädchen bzw. Jungen, wo ihre Schwächen und negativen Eigenschaften? Um dies zu erfahren, fragten wir die Kinder zu folgenden Bereichen: Was gefällt ihnen gut, was stört sie, wenn sie mit Mädchen/Jungen spielen? Welche Vor- und welche Nachteile sehen sie darin, ein Mädchen oder ein Junge zu sein? Haben es Mädchen oder Jungen besser oder beide gleich gut? Was können Mädchen, was Jungen besonders gut? Gibt es etwas, das sie jeweils besser können als das andere Geschlecht? Auch die Erzieherinnen befragten wir nach ihrer Sicht der Kompetenzen und Schwächen von Mädchen und Jungen im Hortalltag. Ihre Einschätzung werden wir im Anschluß an die Ergebnisse der Kinderinterviews vorstellen.

5.1. Schön, aber schwach? – Das Selbstbild von Mädchen

Die befragten 64 Mädchen äußern sich 99mal positiv und 61mal kritisch über das eigene Geschlecht. Dies ist vor allem im Vergleich zu der weitaus positiveren Selbsteinschätzung der Jungen interessant (s. u.). Elf der negativen Aussagen beziehen sich direkt auf Kritik an Mädchen (meist an bestimmten) oder an deren Spielen. 50mal vergleichen sich Mädchen mit Jungen und geben sich selbst dabei „die schlechteren Karten". Betrachten wir zunächst die positive Selbsteinschätzung von Mädchen.

„Mädchen sind toll, weil..." – Worauf Mädchen stolz sind

„Wir sind schöner als die Jungen"

Das Aussehen und die Möglichkeit, das eigene Äußere zu verändern, bestimmen wesentlich das positive Selbstbild von Mädchen. 36mal nennen Mädchen lange Haare, die Auswahl zwischen Hosen und Kleidern und die Möglichkeit, sich schminken und schmücken zu können als Begründung, weshalb sie gerne Mädchen sind: „Mädchen haben es gut, denn die haben so lange Haare und man kann Zöpfe machen" (Sabine, 7 J.) ist nur eine von vielen ähnlichen Aussagen. (Übrigens nennen auch Mädchen mit kurzen Haaren dies als entscheidenden Vorteil.) „Die Mädchen dürfen anziehen, was die Buben anziehen, aber die Buben dürfen nicht anziehen, was die Mädchen anziehen, die können ja keine Kleider anziehen", bedauert z. B. Verena (9 J.) die Jungen wegen ihres variationsarmen Aussehens.

„Mädchen können besser miteinander auskommen"

In den positiven Nennungen nimmt das soziale Verhalten von Mädchen breiten Raum ein. (Sie erwähnen es 26mal.) Es ist ihnen viel wert, miteinander spielen zu können, ohne daß sie Regelverletzungen, allzuviel Streit und körperliche Gewalt befürchten müssen. „Mädchen werden nicht gleich grob" (Sarah, 8 J.), „Mädchen halten eher die Spielregeln ein" (Tanja, 7 J.), „Mädchen brüllen nicht immer gleich so, wenn man was falsch macht" (Diana, 8 J.), sind hierzu beispielhafte Aussagen.

Viele schätzen außerdem das Vertrauen und die Vertrautheit, die sie unter Mädchen erleben: „Mit Mädchen kann man besser reden, die kann man verstehen und denen kann man Geheimnisse anvertrauen", meint Verena (9 J.), und steht mit dieser Ansicht nicht allein: „Als Mädchen, da hat man Freundinnen", ist auch Irene (9 J.) überzeugt – nicht zuletzt deshalb, „weil Mädchen sich besser miteinander vertragen können".

„Mädchen können besser Rad, Handstand, Tanzen und Zwicken"

13mal nennen die Mädchen Sportarten und Bewegungsspiele, in denen sie sich besonders kompetent und den Jungen überlegen fühlen. Es handelt sich vor allem um Spiele, die traditionell von Mädchen bevorzugt werden wie Seilspringen, Hüpfspiele oder Sportarten wie Turnen, Tanzen, Schlittschuh- oder Rollschuhfahren. Das Reizvolle daran ist weniger, Kraft oder Schnelligkeit zu demonstrieren, sondern körperliche Anmut und Beweglichkeit. Sicher spielen die mädchenspezifischen Angebote aus dem Sportunterricht der Schule eine wichtige Rolle für das Gefühl der „wirklichen oder vermeintlichen Überlegenheit" in diesen Spielen und Sportarten (s. Pfister 1982). Möglicherweise sind die Mädchen aber auch fasziniert von Aussehen und Ästhetik der Kunstturnerinnen oder Eiskunstläuferinnen (Eisprinzessinnen), die sie im Fernsehen bewundern.

Ein Mädchen ist stolz darauf, gut klettern zu können und nennt damit als einzige einen untypischen Bereich. Fünf Mädchen sind der Meinung, daß Mädchen besonders gut zwicken, kratzen und treten könnten. Das sind Verteidigungstechniken, die als typisch weiblich gelten, weil für sie weniger Kraft, sondern eher lange Fingernägel erforderlich sind. Meist werden sie auch abgewertet – geben aber den Mädchen das Gefühl, nicht völlig wehrlos zu sein.

„Mädchen können besser Puppenecke spielen"

Mädchen finden, daß sie nicht nur die erwähnten Bewegungsspiele besonders gut beherrschen. Auch Barbie und Puppenecke können Mädchen besser als Jungen, meinen sechs überwiegend jüngere Mädchen. Acht weitere sind der Ansicht, Mädchen können besser malen oder singen als Jungen. Nur ein Mädchen hebt eigene erotische Fähigkeiten positiv hervor: „Mädchen können gut küssen" (Marion, 8 J.).

„Mädchen können besser putzen und staubsaugen"

Auch die Beherrschung von Haushaltätigkeiten prägt das positive Selbstbild einiger Mädchen. Vier Mädchen äußern explizit die Ansicht, daß Mädchen Putzen, Staubsaugen, Kochen oder Muttersein besonders gut und vor allem besser als Jungen können.
Bereits im Alter zwischen sechs und elf Jahren scheint einigen Mädchen die Zuständigkeit der Frau für Haushalt und Kinderversorgung selbstverständlich zu sein. Interessant ist die Mischung aus Stolz und Kritik, die bei einigen Mädchen durchklingt, wenn sie von der erwarteten Alleinverantwortung für die Haushalts- und Familienarbeit sprechen: „Wir müssen ja immer kochen, wenn wir erwachsen sind" begründen sie die besondere Kompetenz von Mädchen im Kochen. „Dann kommen die Männer heim, sagen ,was gibt's zu essen?', und dann legen sie sich auf die Couch und glotzen in die Röhre", erklärt uns Sabine (10 J.). Wird also die geschlechtstypische Arbeitsteilung als unabänderlich eingeschätzt und deshalb auch von der nächsten Generation unverändert übernommen? (Vgl. auch 7. Kapitel)

„Mädchen können nicht so gut ..."
Negative Aussagen von Mädchen über Mädchen

Wo sehen Mädchen ihre Schwächen, was erachten sie als nachteilig am Mädchensein? Was glauben sie, können Mädchen nicht so gut wie Jungen?

„Wir sind schon auch stark, aber die Jungen sind viel stärker"

Die Überzeugung, den Jungen körperlich unterlegen zu sein, ist für die Mehrzahl der Mädchen fester Bestandteil ihres Selbstbildes. Insgesamt thematisieren die Mädchen in 42 Aussagen, daß sie sich den Jungen körperlich unterlegen fühlen. Davon beklagen sie 33mal, Mädchen seien grundsätzlich weniger schnell und stark als Jungen. Acht der befragten Mädchen beziehen ihre Aussage darauf, daß Mädchen schlechter Fußball spielen könnten als Jungen, und eine bedauert: „Im Garten, da können wir immer nicht aufs Klo und die Jungen, die pieseln dann manchmal in den Garten" (Jana, 7 J.). Aber sie und ihre Freundin versichern, inzwischen schafften sie das auch manchmal.

Einige – wenige – Mädchen wissen, daß sie ebenso stark oder schnell sind wie Jungen – zumindest wie bestimmte Jungen: „Ich kann schneller rennen als der Ronni", meint Laura, 10 J. alt, und widerspricht damit der verallgemeinernden Behauptung ihrer Freundinnen, Mädchen seien langsamer und schwächer als Jungen. Die siebenjährige Hannah meint als einzige: „Mädchen sind vielleicht ein bißchen stärker."
Um sich stärker zu fühlen, erlernen manche Mädchen auch Verteidigungstechniken: „Jungen, die sind kräftiger und können jeden zusammenhauen. Und die Mädchen nicht. Die müssen schon in eine Technik gehen, z. B. wie ich, in Karate, da kann man sich auch verteidigen", erklärt Conni (8 J.). Viele Mädchen haben jedoch wenig Lust, sich in Kampftechniken zu üben. Sie zu beherrschen, gilt auch als weitaus unweiblicher, als z. B. Kompetenzen in Ballett oder Eiskunstlauf vorweisen zu können.
Für die Mädchen hat die von ihnen angenommene körperliche Unterlegenheit unterschiedliche Bedeutung. Einige stellen sie als unabänderliche und akzeptierte Tatsache hin und trösten sich mit dem Spruch: „Mädchen sind klüger", wie Rania (8 J.) oder mit der Auffassung: „Buben sind halt stärker, aber wir sind halt Mädchen, die sich hübsch anziehen" (Beate, 9 J.). Andere Mädchen scheinen sie als Nachteil zu empfinden und beneiden Jungen um deren angebliche Stärke: „Ich finde das besser (ein Junge zu sein), weil irgendwie sind die Buben stärker", meint zum Beispiel Pia (8 J.). Insgesamt ist zu vermuten, daß allein schon die Annahme, körperlich unterlegen zu sein, die Mädchen in der Auseinandersetzung mit den Jungen schwächt.

„Mädchen sind leicht beleidigt"

Diese Behauptung steht hier stellvertretend für elf andere Aussagen, in denen Mädchen an anderen „typisch weibliche" Verhaltensweisen kritisieren – etwa schnell beleidigt oder „zickig" zu sein. Es fällt auf, daß sich diese Kritik meistens auf konkrete Mädchen bezieht und selten verallgemeinert wird. Ein Mädchen kritisiert zusätzlich die von Mädchen bevorzugten Spiele: „Manchmal das Barbie spielen und manchmal das Zusammensein in Gruppen und durch die Gegend gehen, das ist langweilig" (Clara, 9 J.).

„Jungen können alles machen, was sie wollen, (…) Mädchen nicht "

Acht Mädchen, darunter gerade auch Töchter von ImmigrantInnen, verbinden Mädchensein mit eingeschränkten Selbstbestimmungsmöglichkeiten. Die folgenden Aussagen bieten einen Einblick in das Spektrum der erwarteten Einschränkungen: „Ein Junge, wenn er groß ist und Kinder will, dann kann er Kinder bekommen. Und die Frau hat dann einen dicken Bauch. Für die ist das viel schwieriger", erklärt Gülcin (9 J.). „Jungen können alles machen, was sie wollen. Sie können ausgehen und die Mädchen nicht, und Vater macht sich immer Sorgen oder Mutter", sagt Sabrina (10 J.). „Als Junge kann man immer zu den Mädchen gehen, immer verliebt sein und muß nicht abwarten, bis man erwählt wird" (Mina, 8 J.). – Mädchen meinen also offenbar immer noch, hier die abwartende Rolle einhalten zu müssen, obwohl einige diese Rollenzuweisung durchaus als einengend kritisieren.

5.2. „Mädchen haben Angst vor Mäusen"
Was Jungen über Mädchen sagen

Nachdem wir die Selbstwahrnehmung der Mädchen dargestellt haben, wird es im folgenden Abschnitt darum gehen, wie Jungen Mädchen einschätzen.

Vorweg: An den Äußerungen der Jungen über Mädchen überraschte und ärgerte uns vor allem der hohe Anteil an Bemerkungen, die Mädchen pauschal abwerten. Die 70 interviewten Jungen äußerten sich 108mal eindeutig negativ über Mädchen und nur 51mal positiv. Allein das Zahlenverhältnis legt nahe, daß es Jungen schwerfällt, Mädchen und ihre Kompetenzen anzuerkennen. Dieser Eindruck verstärkt sich noch dadurch, daß Jungen ihre positiven Aussagen über Mädchen häufig sofort im nächsten Satz wieder einschränken oder zurücknehmen. Und immerhin 13 Jungen zählen auf die Frage: „Gibt es etwas, das Mädchen gut oder besser als Jungen können?" nur das auf, was Mädchen ihrer Ansicht nach *nicht* können.

Zwei Jungen anworten auf unsere Frage pauschal: „Mädchen können nichts besser", wie z. B. Tomislav (7 J.), und einer meint „Mädchen wissen nichts" (Paul, 8 J.). Lediglich zwei Jungen sagen ohne Umschweife: „Jungen und Mädchen können dasselbe" (Daniel, 8 J., und Sven, 9 J.).

Dennoch gestehen die Jungen den Mädchen auch Kompetenzen zu. Um welche es sich dabei handelt, werden wir im folgenden sehen.

Positive Aussagen von Jungen über Mädchen

„Mädchen sind gut in der Puppenecke"

Wie die Mädchen selbst, so sind auch die Jungen der Ansicht, Mädchen könnten mädchentypische Spiele wie Seilspringen, Tanzen, Gummihüpfen oder Barbie gut, teilweise auch besser als sie selbst. Allerdings können sie es sich nicht verkneifen hinzuzufügen: „Aber das wollen wir ja auch gar nicht" (s. o.). Auch Gesellschaftsspiele können Mädchen nach Ansicht von Arno (9 J.) gut, aber: „die sind langweilig". „Mädchen können gut tanzen, aber nicht wie Michael Jackson", schränkt auch Boris (8 J.) seine Anerkennung gleich wieder ein.
In Spielen, die von den Jungen selbst bevorzugt werden, fällt es ihnen ganz besonders schwer, Kompetenzen von Mädchen zu akzeptieren. Wenn Markus (7 J.) sagt, Susanne (ebenfalls 7 J.) sei eine gute Torhüterin, muß er ihre Kompetenz sofort relativieren, indem er hinzufügt: „Aber ich hab letztens vier Tore reingeschossen."
Diese Strategie der Abwertung und Zurücknahme gerade beschriebener weiblicher Kompetenzen bei gleichzeitiger Selbstaufwertung der Jungen findet man noch in vielen anderen Interviews. Nur ein einziger Junge, Sven (9 J.), erkennt die Überlegenheit eines Mädchens beim Fußballspielen an: „Die Lisa kann besser Fußball spielen als ich." Er vertritt diese Meinung sogar noch dann, als sein Freund ihm versichert: „Nein, inzwischen bist du besser."

„Mädchen können besser Kinder erziehen"

Elfmal waren die sechs- bis elfjährigen Jungen der Ansicht, Mädchen hätten besondere Kompetenzen in traditionell weiblichen Arbeitsbereichen. Faßt man ihre Aussagen zusammen, so können Mädchen besonders gut einen Haushalt führen, kochen, Haare schneiden, Einkaufen gehen, Putzen, Pullis stricken, Teppiche reinigen, Kinder erziehen und pflegen. – Auch diesen Kompetenzen fügen fast alle Jungen, die sie erwähnen, hinzu: „aber das ist ganz langweilig."

„Mädchen streiten sich nicht so brutal"

Sieben Jungen heben das Sozialverhalten von Mädchen positiv hervor. Sie schätzen – wie die Mädchen selbst – an ihnen, „daß sie Freundinnen haben" (Daniel, 8 J.), „daß sie nicht so zuhauen" (Sven, 9. J), „daß sie halt nicht dauernd sagen, ‚ich bin der Boss'" (Tobias, 8 J.) und: „daß sie mit Jungen manchmal auch ein bißchen vorsichtig umgehen. – Man einigt sich schneller" meint Michele (8 J.).

Für den Großteil der Jungen hat soziales Verhalten jedoch nicht denselben Stellenwert wie für Mädchen. Da viele Jungen offener hierarchieorientiert sind als die Mädchen, einigen sie sich nach anderen (Spiel-)Regeln. Hier hat ein soziales, rücksichtsvolles Verhalten weniger Bedeutung als z. B. Durchsetzungsvermögen und Stärke (vgl. Kap. 2.1.).

„Wenn sie lachen, sind sie so schön"

Für Jungen hat das Aussehen von Mädchen viel weniger Bedeutung als für diese selbst. Ein paar Jungen heben es aber doch positiv hervor: In Aussagen wie „Mädchen sind vielleicht hübscher" (Daniel, 8 J.), oder: „Wenn sie lachen, sind sie so schön" (Guido, 7 J.) bringen sie ihre Bewunderung zum Ausdruck.

Doch anders als die meisten der Mädchen, die die Kleidungsauswahl als eines der überzeugendsten Argumente für das Mädchensein ansehen, betrachten einige Jungen gerade diese Auswahl als Nachteil: „Ich könnte mich nie entscheiden, wie ich meine Haare habe oder was ich anziehe", meint Tomislav (7 J.) bei der Vorstellung, ein Mädchen zu sein. Enrico (8 J.) bedauert die Mädchen geradezu: „Die müssen so viel anziehen und die Haare so lange kämmen und waschen." Und Markus (7 J.) findet das Aussehen von Mädchen grundsätzlich befremdlich: „Als Mädchen sieht man doch komisch aus."

„An Mädchen finde ich gut, daß man sie ärgern und knutschen kann"

Für ein paar Jungen ist das einzig „Positive", das ihnen zu Mädchen einfällt, ihre vermeintliche Verfügbarkeit für die Launen und (sexuellen) Wünsche der Jungen. So sagen etwa mehrere Jungen: „Mädchen können besser küssen, kreischen. Ärgern, knutschen kann man mit denen, dazu sind sie ja da" (Dennis, 7 J.), oder: „Gut ist, daß man sich in sie verknallen kann, daß man sie so gut ärgern und rumkommandieren kann" (Timo, 9 J.).

Solche Aussagen werden nur in einzelnen Horten gemacht. Wir hatten während der Interviews den Eindruck, daß dort bestimmte Meinungsführer anderen Jungen solche Äußerungen „vorgaben". Außerdem spielt dabei sicher auch der Spaß am Provozieren in der Interviewsituation eine Rolle. Dennoch vermitteln sie auf eine besonders deutliche Weise einen Dominanzanspruch, wie er auch in den Aussagen von vielen anderen Jungen durchklingt. Bereits im Grundschulalter scheint Jungen erfolgreich die Idee vermittelt worden zu sein, Männer könnten über Frauen und damit Jungen über Mädchen (sexuell) verfügen. Aufgrund ihrer Studie über sexuelle Täterschaft meint Anita Heiliger: „Diesem Erwartungsmuster entspricht im wesentlichen die Annäherung von Jungen an das andere Geschlecht, der korrespondierend die weibliche Erziehung zur Anpassung und zur Orientierung am männlichen Geschlecht bzw. zur Selbstentwertung zuarbeitet" (Heiliger 1994: 5). Die gesellschaftliche Frauenverachtung, die Jungen allgemein beobachten können, beziehen sie natürlich auch auf ihre konkrete Lebenswelt, und damit auch auf den Hortalltag. Sie dient ihnen ganz offensichtlich dazu, dem Überlegenheitsimperativ, unter dem das männliche Geschlecht steht, genügen zu können. Dies wird im folgenden Abschnitt noch deutlicher.

Negative Aussagen von Jungen über Mädchen

Während die Mädchen an den Jungen überwiegend konkretes Verhalten kritisieren, unterstellen Jungen den Mädchen häufig in verallgemeinernder Weise negative Eigenschaften und Inkompetenzen – so als befürfe es keiner besonderen Begründung, um Mädchen als „minderwertig" zu betrachten. So sagt z. B. ein achtjähriger Junge, daß Mädchen nicht laufen können.

„Mädchen können nicht mal laufen"

Wenn sie nach den Mädchen gefragt werden, bezieht sich die Mehrzahl der Jungen in einer klischeehaften Weise auf die – von ihnen angenommene – körperliche Unterlegenheit der Mädchen. Bezüglich ihrer physischen Stärke und Schnelligkeit äußern sich Jungen ähnlich negativ über Mädchen wie diese selbst: „Mädchen können nicht Skateboard fahren" (Hannes, 8 J.). „Mädchen sind im Fußballspielen und im Kämpfen nicht so gut wie wir" (Bozidar, 9 J.). „Wir lassen die Mädchen nicht mitspielen, weil die so langsam sind. Die können nicht mal laufen" (Uwe, 8 J.).

„Mädchen stinken"

An zweiter Stelle der Negativnennungen von Jungen über Mädchen stehen generelle und auf den ersten Blick absurd wirkende Unterstellungen und Abwertungen. Beispiele sind: „Mädchen nehmen Kondome, um sich sexy zu machen", sagt Udo (7 J.). „Mädchen sind eklig und stinken", „Mädchen können gar nichts", „Mädchen sind behindert" und „Mädchen sind Mißgeburten" – all das behauptet Jörg (10 J.).
Diese und ähnliche Unterstellungen erscheinen auf den ersten Blick so abwegig, daß man sie nicht ernst nehmen möchte. So geht es Udo und Jörg

wohl auch weniger um den konkreten Inhalt ihrer Behauptungen, als vielmehr um die Abwertung und Abgrenzung von Mädchen. Diese erreichen sie damit, daß sie Mädchen Eigenschaften und Verhaltensweisen zuschreiben, die ihnen spontan als gesellschaftlich verachtet in den Sinn kommen. Dabei geht Jörg offenbar davon aus, daß Behinderte in unserer Gesellschaft als Menschen zweiter Klasse gelten und weist mit seinen Bemerkungen Mädchen ebenfalls diesen Rang zu. Gleichzeitig gerät er nicht in Verdacht, sich näher für Mädchen zu interessieren. Gerade Jörg schien übrigens, zumindest während unserer Beobachtungen, nicht besonders gut in die Gruppe der Jungen integriert zu sein. Er spielte nicht mit den anderen Jungen Fußball, aber lachte und unterhielt sich häufiger mit Mädchen. Einige Jungen unterstellen Mädchen auch ein Verhalten, das typisch weiblichen Klischees entspricht, so meint Michael (8 J.) z.B.: „Mädchen haben Angst vor Mäusen und Schlangen und kreischen vor Schreck", oder Boris (7 J.) behauptet: „Mädchen heulen gleich los und sind zimperlich." Dabei wird nicht klar, ob sich die Jungen, die solche Klischees nennen, auf konkrete Erfahrungen berufen oder ob sie nur auf gängige Vorurteile zurückgreifen. Wenn auf Mädchen alle erdenklichen negativen Eigenschaften projiziert werden, wertet dies (vermeintlich) das eigene Geschlecht auf. Denn man(n) macht dadurch deutlich, daß man – da man selbst ja ein Junge ist – mit diesen Eigenschaften und mit den Mädchen selbst nicht in Verbindung gebracht werden kann. Dies ist in unserer Kultur ein durchaus üblicher Mechanismus: Weiblichkeit wird so konstruiert, daß ihr all die („minderwertigen") Eigenschaften zugeschrieben werden, von denen Männlichkeit unterschieden werden will (s. Hagemann-White 1984).

5.3. „JUNGEN KÖNNEN BESSER KÄMPFEN"
DAS SELBSTBILD VON JUNGEN

Wie nehmen Jungen sich und andere Jungen ihres Alters wahr? Worauf begründet sich ihr Selbstbild? Auf was sind sie stolz, was haben sie an Jungen zu kritisieren?

„Ein Junge zu sein, ist toll, weil ..."
Kompetenzen von Jungen

Auffallend ist die fast durchgängig positive Selbsteinschätzung der Jungen. Sie treffen 83 positive, hingegen nur zehn negative Aussagen über ihr eigenes Geschlecht. Ihr positives Selbstbild begründen sie vor allem mit folgenden Annahmen: Jungen sind stark, tapfer und haben Privilegien im Erwachsenenalter.

„Jungen sind stärker "

„Jungen sind stärker und haben Muskeln", „Buben können schneller laufen", „Jungen können besser Fußballspielen", „Jungen können besser kämpfen", „als Junge kann man die schlagen, die dich nerven" sind Aussagen, die fast wörtlich von vielen Jungen aller Jahrgänge geäußert werden, weshalb wir sie an dieser Stelle nicht namentlich zuordnen. Körperliche Stärke hat für ihre Selbstdefinition eine große Bedeutung. Sie betonen sie in 71 Aussagen. 51 mal davon brüsten sie sich explizit damit, gut schlagen, boxen und kämpfen zu können.

Wir waren über diese starke Betonung von physischer Stärke zunächst sehr erstaunt, da wir ja ausschließlich Großstadtkinder interviewt hatten, deren Eltern aus verschiedenen sozialen Schichten kommen. Es ist daher anzunehmen, daß in vielen Familien physische Kraft für die aktuelle Alltagsbewältigung und für die Berufsausübung keineswegs notwendig ist. Die Jungen betrachten körperliche Stärke und Schnelligkeit also unabhängig davon als zentrale Kriterien von „Männlichkeit" – mit denen sie sich allerdings auch erfolgreicher durchsetzen können als die Mädchen, wie im 6. Kapitel deutlich wird.

Fünf Jungen führen explizit Tapferkeit und Mut als Eigenschaften von Jungen an, auf die sie stolz sind, andere schreiben diese Eigenschaften Jungen indirekt zu: Indem sie sich von Mädchen abgrenzen, die ihrer Ansicht nach schnell Angst haben, leicht erschrecken und keine wilden Sachen machen.

„Männer kriegen leichter Jobs und können sich verwöhnen lassen"

Bereits im Grundschulalter wissen Jungen um die unterschiedlichen Chancen von Frauen und Männern. Ihre Erwartung, im Erwachsenenalter als Mann in der besseren Position zu sein, ist für einige Jungen durchaus ein Aspekt, den sie sehr positiv bewerten. Zwei Beispiele, die dies verdeutlichen: „Als Junge kann man mehr Geld verdienen" (Jürgen, 10 J.), oder: „Mädchen können nicht so viele Berufe haben" (Dominic, 9 J.). Auch die von ihnen erwartete Rollenverteilung in der Haus- und Familienarbeit, in der sie sich selbst in einer selbstverständlichen Weise den besseren Part zuschreiben, läßt ihnen das Jungen- bzw. Männersein angenehm erscheinen: „Jungen können sich verwöhnen lassen, die brauchen kein Essen zu kochen und können im Bett liegen bis zehn, ohne den Haushalt zu machen" (David, 10 J.). „Außerdem", so merkt ein anderer Junge an: „Männer bestimmen in der Familie" (Gunnay, 8 J.).

Einige der Jungen finden es auch deshalb positiv, ein Junge zu sein, weil sie nicht in einem weiblichen Körper stecken wollen: „Als Mädchen kriegt man einen Busen, und dann können bloß die Jungen rumfummeln", meint Martin (9 J.). Axel (8 J.) ist froh, daß ihm als Mann die Schmerzen während der Geburt erspart bleiben.

Was Jungen an Jungen kritisieren

Wie bereits erwähnt, sind selbstkritische Äußerungen über das eigene Geschlecht bei den Jungen äußerst selten. Dies ist vielleicht zum Teil auf die Interviewsituation zurückzuführen (s.o.), in der sich die Jungen möglicherweise voreinander und vor der Interviewerin produzieren wollten.
Insgesamt äußern sich von 70 Jungen lediglich vier auch negativ über Jungen. (Es sind übrigens dieselben, die von sich aus sagen, daß sie auch mit Mädchen spielen.) Ihre Kritik gilt dem Dominanzanspruch und den Machtdemonstrationen von Jungen: „Die wollen immer der Boss sein, die hauen alles um und machen alles kaputt", meint Michael (8 J.) und Daniel, ebenfalls acht Jahre, kritisiert, daß Jungen in Konfliktsituationen häufig und schnell zu körperlicher Gewalt greifen: „Es gefällt mir nicht bei Jungen, wenn sie nicht mit Worten reden, sondern gleich schlägern." Oliver und Eric, beide sieben Jahre, leiden darunter, von anderen Jungen vom Fußballspiel ausgeschlossen zu werden. Die Kritik am Dominanzanspruch anderer Jungen wird auch von diesen Jungen ausschließlich auf das Verhalten unter Jungen bezogen. Kein einziger unserer Interviewpartner äußert sich kritisch über das Verhalten von Jungen gegenüber Mädchen.

5.4. „JUNGEN KÖNNEN JEDEN ZUSAMMENHAUEN"
WAS MÄDCHEN ÜBER JUNGEN SAGEN

Positive Aussagen

Mädchen erkennen wesentlich häufiger Kompetenzen von Jungen an, die sie
nicht wie die Jungen im nächsten Satz wieder zurücknehmen: Die befragten
Mädchen äußern sich 47mal anerkennend über Jungen und deren Fähigkeiten, allerdings konzentrieren sie ihre Anerkennung fast nur auf einen
Aspekt:

„... irgendwie sind die Buben stärker"

Die Anerkennung der Mädchen bezieht sich also vor allem auf Stärke,
Schnelligkeit und die vermeintlich größere Verteidigungsfähigkeit von Jungen. Damit bestätigen sie vollkommen das Selbstbild der Jungen: „Jungen
sind kräftiger und können jeden zusammenhauen", meint Anette (7 J.). Diana (8 J.) ist der Ansicht „die Jungs können besser klettern und Fußball spielen, und die sind stärker", und Christiane (9 J.) findet es besser, ein Junge zu
sein, „weil irgendwie sind die Buben stärker". Die angebliche physische
Überlegenheit des männlichen Geschlechts wird in 45 der 47 positiv werten-
den Aussagen genannt, zum Teil aber mit sehr kritischem Unterton. Nur zwei
Mädchen nennen auch kognitive Fähigkeiten von Jungen: Sie meinen, Jungen könnten besser Schach spielen und mit Computern umgehen als Mädchen.

Negative Aussagen von Mädchen über Jungen

Die 64 Mädchen äußern sich insgesamt 41mal negativ über Jungen. Damit
hält sich das Verhältnis ihrer positiven und negativen Aussagen über Jungen
fast die Waage (während sich die Jungen mehr als doppelt so häufig negativ
wie positiv über Mädchen äußern).

„Buben sind zu den Mädchen wild und unfreundlich"
Kritik am Sozialverhalten, an Aggressivität und sexuellen Übergriffen

Die Mädchen beziehen ihre Kritik an Jungen überwiegend auf konkrete Erfahrungen und Situationen. Mangelndes Sozialverhalten und Aggressivität
der Jungen stehen dabei im Vordergrund (sie werden 25mal genannt).

Wie im 4. Kapitel beschrieben, halten sich die Jungen in den Augen der Mädchen häufig nicht an die Spielregeln oder an Abmachungen wie das Aufräumen der Puppenecke. Auch werfen ihnen einige Mädchen vor, ein unverbindliches Verhältnis zu ihren Versprechen zu haben. Marion (8 J.) ist nicht die einzige, die sich darüber beschwert: „Mir ist das blöd, wenn die Buben immer sagen, ich lade dich ein zu meinem Geburtstag, du darfst neben mir sitzen, und dann plötzlich beim Geburtstag machen sie's anders. Sie halten nie ihr Versprechen, sie wollen nur immer die Mädchen ärgern, und das finde ich so gemein von den Buben."

Auffallend häufig wird aggressives Verhalten von Jungen gegenüber Mädchen kritisiert (s. auch 6. Kapitel): „Die schlagen und zwicken uns" (Pia, 8 J.), „die Buben sind zu den Mädchen wild und unfreundlich" (Birgit,7 J.), „die Buben geben uns Arschtritte und schlagen uns zusammen" (Fedia, 8 J.).

Die Mädchen beklagen sich außerdem über die Provokation durch sexuelle Ausdrücke und über sexuelle Übergriffe der Jungen – „Jungen betatschen den Po von Mädchen, die vorbeikommen" (Anette, 8 J.).

Sonja (10 J.) merkt kritisch an, daß Jungen nicht offen zu ihren positiven Gefühlen für Mädchen stehen können und statt dessen die Mädchen abwerten: „Jungen sagen nach außen, ‚Mädchen sind bescheuert'. Aber im Inneren denken sie, ‚ach ist die vielleicht süß'. Das trauen sie sich nicht."

Viele Mädchen ziehen wie Fedia (8 J.) aus diesen Kritikpunkten am (un-) sozialen Verhalten der Jungen den Schluß: „Jungen haben weniger Freunde."

Aus den Interviews geht nicht eindeutig hervor, ob diese letzte Feststellung auf ihren Beobachtungen beruht. Vielleicht können sich die Mädchen auch nur nicht vorstellen, anerkannt und gemocht zu werden, ohne nett zu anderen zu sein (s. auch Brown/Gilligan 1994).

„Jungen sind wild und frech "

Ebenso wie die Jungen über sie, so treffen auch die Mädchen pauschale Negativ-Urteile über die Jungen, bei denen unklar bleibt, ob sie auf eigenen Erfahrungen oder eher auf gängigen Klischees beruhen. Allerdings kommen solche Äußerungen von ihnen weitaus seltener, als von den Jungen im umgekehrten Fall. In solchen pauschalen Abwertungen behaupten die Mädchen z. B., Jungen seien „wild", „böse", „schlimm",„grob", „mäkelig" oder wie Anna-Lisa (8 J): „Jungen verstehen keinen Spaß."

5.5. Geschlechtertausch? Nein danke!

Wärst du lieber ein Mädchen oder lieber ein Junge? Diese Frage stellten wir den Kindern, um die Haltung zum eigenen Geschlecht, dessen Stärken und Schwächen sie in den Fragen zur Selbsteinschätzung charakterisiert hatten, noch einmal zu überprüfen. Das Ergebnis: Die meisten bevorzugen auch dann, wenn sie die Auswahl hätten, ihr eigenes Geschlecht (s. auch Kampshoff 1992: 172f). Viele können es sich überhaupt nicht vorstellen, das andere Geschlecht zu haben, manche reagieren geradezu entsetzt und äußerst ablehnend bei dieser Vorstellung.

Jungen bevorzugen gerade wegen ihrer angeblichen Stärke das eigene Geschlecht, und die meisten Mädchen fühlen sich trotz ihrer vermeintlichen körperlichen Schwäche den Jungen gegenüber nicht „benachteiligt" – ihr Aussehen spielt dabei eine große Rolle.

Nur vier Mädchen und drei Jungen können sich durchaus vorstellen, daß auch das jeweils andere Geschlecht gewisse Vorteile hätte. Die vier Mädchen fänden einen Rollentausch attraktiv aufgrund der aktiveren Rolle von Jungen bei der Partnerwahl, – eine stellt sich dabei vor: „dann könnte ich immer verliebt sein" (Amira, 8 J.). Weitere Gründe sind größere Freiheiten, die körperliche Stärke und die Möglichkeit, mit Jungen zu spielen.

Die „tauschwilligen" Jungen würden gerne ein Mädchen sein, um zu wissen, wie es ist, schwanger zu sein, um schöne Kleider anziehen zu können, und um mal nicht den aktiven Part in der Partnerwahl zu haben.

Zwei Mädchen und zwei Jungen äußern sich zu der Vorstellung eines Geschlechtertausches ambivalent. Die beiden Jungen haben keine Vorbehalte gegen die Mädchenrolle, sie können sie sich nur nicht so recht vorstellen. Zwei Mädchen aus verschiedenen Horten formulieren die interessante Variante einer (rollen)geteilten Persönlichkeit. Beide wollen im Herzen ein Mädchen, ansonsten ein Junge sein: „Hier will ich ein Mädchen sein, wo das Herz ist, und hier ein Bub, wo kein Herz ist", meint Maria (8 J.), die eine der beiden, und lacht.

5.6. FAZIT

Für das Selbstbewußtsein der Mädchen hat das Aussehen – insbesondere die Möglichkeit, durch Haare und Kleidung die eigene Weiblichkeit zu betonen – einen hohen Stellenwert. Es scheint gleichsam ihr „Kapital" zu sein.

Ihre besonderen Fähigkeiten sehen die interviewten Mädchen fast ausschließlich in traditionell „weiblichen" Bereichen: im Sozialverhalten, in ihren Kompetenzen in Haushaltsführung und Kinderpflege sowie in Sportarten, die weniger den Wettkampf als vielmehr die Anmut betonen.

Bereits im Grundschulalter beobachten einige Mädchen, daß sie in ihrem Freizeitverhalten stärker eingeschränkt und kontrolliert werden als Jungen und außerdem auf die passivere Rolle in der Partnerwahl verwiesen werden. Für die meisten Mädchen scheint es auch selbstverständlich zu sein, sich Jungen gegenüber körperlich unterlegen zu fühlen. Nur wenige bedauern aber deshalb, ein Mädchen zu sein. Für sie besteht der entscheidende Vorteil des weiblichen Geschlechts darin, schöner auszusehen.

Das Selbstbild der Mehrzahl der interviewten Jungen bewegt sich im engen Rahmen eines tradierten Männerbildes. Intellektuelle Fähigkeiten haben in diesem Alter für das Selbstbewußtsein der meisten Jungen offenbar noch keine große Bedeutung. Die wichtigsten Zuschreibungen von „Männlichkeit" sind für sie körperliche Stärke, Tapferkeit, sowie Privilegien im Erwachsenenalter. In den Augen der Jungen scheint körperliche Überlegenheit notwendig für den „Überlebenskampf" in Schule und Hort zu sein, der offenbar mit den Fäusten und nicht mit dem Verstand entschieden wird. Und so anachronistisch und auch zerstörerisch die starke Orientierung der Jungen an körperlicher Überlegenheit erscheinen mag: Einsatz von Stärke wird durch entsprechende Erfolge belohnt (s. 6. Kapitel). Für „Männlichkeit" scheint es den Jungen an alternativen, positiven Bestimmungsmerkmalen zu fehlen, deshalb „stürzen sich Jungen auf die wehrhaften Angebote der männlichen Rollenklischees und verwandeln sich in Cowboys, Polizisten oder Soldaten. Nur ja nicht klein, schwach und abhängig sein" beschreiben Dieter Schnack und Rainer Neutzling die Anforderung, der sich Jungen ausgesetzt fühlen (Schnack/Neutzling 1990b: 18).

Kritik an diesem Stärke-Imperativ äußern nur sehr wenige Jungen. Dies sind offenbar Jungen, die sich selbst weniger über körperliche Stärke definieren, und/oder sich eher in einer Außenseiterposition unter den Jungen empfinden.

Mädchen bestätigen durch ihre Aussagen den Anspruch der Jungen auf körperliche Überlegenheit. Die Aussagen von Mädchen und Jungen passen hier also gut zusammen, wobei die Jungen im Gegensatz zu den Mädchen ihre Stärke und Aggression fast ausschließlich positiv sehen. Hingegen wird die Kritik der Mädchen am mangelnden Sozialverhalten der Jungen und an ihrem Spielverhalten, durch das sich Mädchen häufig ausgegrenzt fühlen, von den Jungen keineswegs in Form von entsprechender Selbstkritik geteilt. Jungen werten Mädchen in weitaus stärkerem Maße und auf pauschalere Weise ab, als dies umgekehrt der Fall ist. Bei einigen Jungen scheint das eigene Selbstbewußtsein zum großen Teil vor allem auf dieser Abwertung von und Abgrenzung zu Mädchen und deren Kompetenzen zu beruhen. Die meisten Jungen trauen Mädchen nicht zu, stark, schnell oder mutig zu sein. Nur ganz wenige Jungen sehen keine Unterschiede zwischen Mädchen und Jungen.

Positiv werten Jungen an Mädchen ihr Aussehen und ihr Sozialverhalten. Auch in traditionell Frauen und Mädchen zugewiesenen Arbeiten und Bereichen erachten Jungen die Mädchen als kompetent, machen aber gleichzeitig deutlich, daß sie selbst diese Tätigkeiten langweilig finden.

Birgit Rommelspacher und Christine Holzkamp meinen zu der unterschiedlichen Selbst- und Fremdwahrnehmung von Mädchen und Jungen: „Die Sozialisation weist Jungen von früh auf an, ihre Männlichkeit in Form von Selbstbehauptung und Abwertung alles Weiblichen zu beweisen. Mädchen hingegen meinen, ihre Weiblichkeit im Rückzug, im Fürsorgeverhalten und in der Selbstentwertung zu entwickeln" (Holzkamp/Rommelspacher 1991: 34).

Mädchen wie Jungen scheinen in ihrer jeweiligen Selbsteinschätzung wie auch in der Wahrnehmung des anderen Geschlechts stark von herrschenden Stereotypen geprägt zu sein, bei denen es sich eher um kollektive Bilder von Mädchen/Frauen und Jungen/Männern handelt, als um Eigenschaften realer Mädchen und Jungen. Fähigkeiten und Eigenschaften oder Vorlieben, die nicht ins herrschende Frauen- bzw. Männerbild passen, werden von beiden Geschlechtern kaum genannt, obwohl die individuelle Bandbreite an Gefühlen und Verhaltensweisen mit Sicherheit sehr viel größer ist.

Nicht nur die Einengung durch Geschlechtsrollen wird deutlich. In dem Verhältnis von positiven zu negativen Zuschreibungen kommt ebenso klar zum Ausdruck, wie stark Mädchen und Jungen bereits im Grundschulalter die Hierarchie der Geschlechter verinnerlicht haben, sowie die Tatsache, daß sich negativ besetzte Klischees sehr viel häufiger auf Weiblichkeit als auf Männlichkeit beziehen.

5.7. Mädchen leicht beleidigt, Jungen unkompliziert? Wenn Erzieherinnen durch die Geschlechterbrille blicken

Auch die Erzieherinnen befragten wir danach, wie sie das Verhalten und das Verhältnis von Mädchen und Jungen im Hort erleben. Zunächst: Die Erzieherinnen äußern sich über die Jungen positiver als über die Mädchen. Das schließen wir zum einen daraus, daß die Mehrzahl der Erzieherinnen bei den Antworten, die sich auf Mädchen beziehen, mit den negativen Aspekten beginnen. Bei den Antworten zum Verhalten der Jungen dagegen nennt lediglich eine Erzieherin zuerst die negativen Aspekte und zwei meinen, es gäbe gar nichts Negatives bei den Jungen ihrer Gruppe, was bezüglich der Mädchen keine Erzieherin sagt. Zudem stehen 17 positiven Aussagen über Jungen nur acht negative gegenüber. Bei den Mädchen hingegen ist das Verhältnis fast ausgewogen: 19 zu 17.

Die negativen Aussagen der Erzieherinnen über die Mädchen beziehen sich fast ausschließlich auf das Sozialverhalten der Mädchen (auf das die Mädchen selbst so stolz sind), und zwar am häufigsten auf ihr Konfliktverhalten, auf Konkurrenz und Rivalität zwischen Mädchen. Hier werden Begriffe wie „Cliquenwirtschaft", „Ausgrenzung von einzelnen Mädchen als Machtinstrument", „verletzende, auf die ganze Person und nicht auf den konkreten Konfliktinhalt bezogene Äußerungen" und „lange andauernde Streitigkeiten" genannt.

Die folgenden Aussagen von drei Erzieherinnen lassen sich als „mangelnde Kritikfähigkeit" der Mädchen zusammenfassen: Mädchen seien schneller beleidigt, vertrügen Kritik schlechter, seien sehr empfindlich, so daß man mit ihnen ganz vorsichtig umgehen müßte. Mädchen sagten – bis auf Ausnahmen – nicht offen, was ihnen nicht paßt, sondern würden „hinten herum" kichern und tuscheln.

Ein dritter Kritikpunkt der Erzieherinnen an Mädchen ist die mangelnde Durchsetzungsfähigkeit. Mädchen sagten, so zwei Erzieherinnen, weniger offen als Jungen, was sie wollen und setzten sich weniger offensiv für ihre eigenen Belange ein. Sie neigten dazu, sich immer gleich Hilfe bei der Erzieherin zu holen. Auch Ausschließlichkeits- und Besitzansprüche in Mädchenfreundschaften werden kritisiert: Mädchen hätten zuviel Angst vor dem Verlust der Freundin, was zu einer Reihe zwischenmenschlicher Probleme führe. Nur zwei Erzieherinnen heben Mädchenfreundschaften und ihren engen, langandauernden Kontakt, der zwischenzeitliche Streitereien überdauert, positiv hervor.

Möglicherweise ist der Blick der Erzieherinnen auf das eigene Geschlecht (selbst-)kritischer, weil es ihnen besser vertraut ist. Näher liegt allerdings die

Vermutung, daß sich in dieser Beurteilung die auch von Erzieherinnen verinnerlichte weibliche Minder- und männliche Höherbewertung spiegelt (s. auch 3. Kapitel).

Andere Aspekte, die von den Ezieherinnen an Mädchen positiv eingeschätzt werden, sind vor allem traditionell weibliche Fähigkeiten wie Einfühlungsvermögen, Hilfsbereitschaft und das Engagement für andere. Mädchen werden auch als ruhig, lieb und ordentlich beschrieben.

Positiv wie negativ wird von Erzieherinnen fast ausschließlich „traditionell weibliches" Verhalten erwähnt, bis auf zwei Ausnahmen: Eine Erzieherin wertet es als positiv, daß Mädchen besser und in größeren Gruppen zusammen spielen als Jungen. Eine andere weist darauf hin, daß es einige selbstbewußte Mädchen gibt, die auch andere, schüchterne Mädchen in rollenuntypische Spiele miteinbeziehen und „daß Mädchen zusammenhalten, wenn's drauf ankommt".

Bei den Jungen bewertet die Hälfte der Erzieherinnen vor allem ihre körperliche Aggressivität als negativ: „Also manche sind echt brutal. Also fast hemmungslos." Auch die Aggressivität, um zu zeigen „wir sind die Starken, uns kann keiner", kritisieren die Erzieherinnen. Diese Ansicht teilen sie mit den Mädchen. Wie die Mädchen, so kritisieren auch die Erzieherinnen, daß Jungen ihre Gefühle nicht so zeigen wie Mädchen, sie seien eher Einzelkämpfer, die sich vor der Gruppe nicht so offen wie Mädchen für andere einsetzten. Nicht nur die Mädchen, auch die Jungen verletzten sich psychisch. Nach Ansicht der Erzieherinnen sind viele Jungen nicht bereit, sich nach Prügeleien oder Streit zu entschuldigen, sondern sind „tödlich beleidigt", wenn sie von der Erzieherin zur Rede gestellt werden. (Zu diesen beiden letzten Feststellungen sagen zwei andere Erzieherinnen jedoch genau das Gegenteil; s. u.)

Die negativen Aspekte werden bei den Jungen jedoch viel eher als bei den Mädchen als persönlichkeits- oder altersabhängiges Verhalten abgeschwächt und nicht so sehr geschlechtsspezifisch interpretiert. Um dies zu belegen, weisen fast alle Erzieherinnen darauf hin, daß sich auch die Jungen am Tischdienst im Hort beteiligen.

Positiv an den Jungen erscheint den Erzieherinnen vor allem ihre Kumpelhaftigkeit und Kameradschaft, ihre Offenheit und ihr Selbstbewußtsein. Das zeige sich darin, daß sie besser mit Kritik umgingen, offener ihre Meinungen und Wünsche äußerten und sich stärker für ihre Ziele einsetzten, anstatt gleich Hilfe zu holen. Weiter meinen zwei Erzieherinnen, Jungen würden sich schneller wieder vertragen und bei Konflikten weniger als Mädchen psychisch verletzen (was andere Erzieherinnen bezweifeln, s. o.).

Auch bei den Jungen werden also von den Erzieherinnen vor allem „traditionell männliche" Verhaltensweisen genannt. Zudem wird insgesamt an die

Mädchen von den Erzieherinnen eher das männliche Maß angelegt als umgekehrt. Dies verdeutlichen auch zwei Äußerungen, die sich darauf beziehen, daß Mädchen von Jungen Offenheit und selbstbewußten Einsatz für ihre Wünsche lernen sollten, während keine Erzieherin sagt, daß Jungen auch etwas von Mädchen lernen könnten.

Vergleicht man nun unsere Ergebnisse mit denen, die Christa Preissing und Edeltraud Best 1985, also schon vor zehn Jahren, dokumentiert haben, so gibt es hier deutliche Parallelen: Preißing/Best fanden, daß Erzieherinnen die Fähigkeiten von Mädchen positiv bewerten, in denen sie selbst ihre Stärken sehen, bzw. die sie in ihrer Arbeit entlasten. Das sind Hilfsbereitschaft, Rücksichtnahme, die Fähigkeit, Gefühle auszudrücken und sich für andere (schwächere) Kinder zu engagieren. Als negativ bewerten die von Preissing/Best befragten Erzieherinnen an Mädchen die Eigenschaften, die gesellschaftlich allgemein abgewertet werden bzw. solche, die Erzieherinnen an sich selbst als problematisch erleben, also vor allem mangelnde Konflikt-, Kritik- und Entscheidungsfähigkeit.

Die Übereinstimmung in den Ergebnissen ist sicher nicht zufällig. Wenn auch beiden Studien kein Anspruch auf Repräsentativität zukommt, so geben sie doch Hinweise darauf, daß Erzieherinnen zwar Gleichheit und Gleichberechtigung zwischen Mädchen und Jungen in Kindertagesstätten betonen, sich aber selbst nach wie vor doch stark auf ihre Geschlechtsrollen festlegen und eben nicht gleichberechtigt wahrnehmen und behandeln – ohne daß ihnen dieser Widerspruch aufzufallen scheint. In diesem Zusammenhang sei noch einmal an die Erkenntnisse der Sozialisationsforschung erinnert, daß Mädchen und Jungen nicht einfach unterschiedlich *sind*, sondern wir sie erst durch unsere Wahrnehmung, Beurteilung und Behandlung unterschiedlich *machen*.

5.8. HAUPTSACHE GEMEINSAM
DAS GESCHLECHTERVERHÄLTNIS
AUS DER SICHT DER ERZIEHERINNEN

Die Erzieherinnen betonen eher die positiven Aspekte am Verhältnis zwischen Mädchen und Jungen im Hort. Zwei Erzieherinnen sagen sogar ausdrücklich, daß es nichts Negatives im Verhältnis der Geschlechter zueinander gäbe – jedenfalls nicht im Hort: Hier gäbe es keine grundlosen Angriffe von Jungen auf Mädchen und auch keine strikte Abgrenzung zwischen den Geschlechtern, wie sie außerhalb masssiv vorkämen. Gerade in diesem Hort beschweren sich jedoch sehr viele Mädchen über unbegründete Angriffe von Jungen.

Die Konflikte im Geschlechterverhältnis scheinen je nach Hortgruppe recht verschieden zu sein bzw. verschieden wahrgenommen zu werden. Als Kritikpunkte nennen die Erzieherinnen: Eifersucht und Konflikte, die sich aus den Verliebtheiten von Jungen und Mädchen ergeben, die strikte, von den Kindern gewählte Geschlechtertrennung während der Hausaufgaben und beim Essen, oder daß – zumindest in größeren Spielgruppen – die Jungen den Mädchen wehtun. Nur eine Erzieherin findet am Geschlechterverhältnis, wie sie es im Hort beobachtet, negativ, daß:

„irgendwo zu spüren ist, daß Jungen immer noch die Herrenrolle, also die Rolle des Mannes, spielen: Sie erheben den Anspruch darauf, das letzte Wort zu haben. Das ist nicht mehr so leicht, weil die Mädchen sich nicht mehr das Wort nehmen lassen ... Aber schon bei den zehnjährigen Buben fällt mir auf, daß die das, was von Mädchen kommt, schneller abtun. Und das kommt natürlich viel stärker zum Tragen, wenn sie älter werden."

Die positiven Aspekte, die Erzieherinnen am Verhältnis zwischen Mädchen und Jungen sehen, lassen sich schnell zusammenfassen: Erzieherinnen erleben das Verhältnis von Mädchen und Jungen im Hort positiv, wenn sie „aufeinander zugehen", „was miteinander machen", „sich grundsätzlich akzeptieren" und sich unabhängig vom Geschlecht „emotional und auch bei den Hausaufgaben unterstützen" und „ohne Reibereien zusammen spielen".
Daraus schließen wir, daß den Erzieherinnen das Miteinander der Geschlechter als solches schon positiv erscheint, sie problematisieren jedoch nicht die Bedingungen dafür. Sie thematisieren nicht, daß dieses Verhältnis auch dann, wenn es nicht zu offenen Konflikten kommt, ganz offenbar von Dominanz geprägt ist. So zum Beispiel, wenn Jungen die Macht haben zu bestimmen, ob sie ein Mädchen beim so hoch bewerteten Fußballspiel in ihre Gruppe aufnehmen. Verantwortlich für die traditionelle Prägung des Geschlechterverhältnisses im Hort ist nach Ansicht der Erzieherinnen vor allem das Vorbild der Familien.
Zwei Erzieherinnen meinen zudem ausdrücklich, Muster wie „der böse Junge, der tut uns was" sowie die „Rollenschere" seien stärker in den Köpfen der Mädchen, als sie im Hort tatsächlich gelebt werden. Nur eine Erzieherin sieht die Notwendigkeit, nicht nur in der Familie, sondern auch im Hort auf mehr Gleichberechtigung im Geschlechterverhältnis hinzuwirken:

„Wir Erzieherinnen – die Frauen überhaupt – müßten uns überlegen, wie wir mit den Buben umgehen, daß sie Mädchen und Frauen als gleichwertig und gleichberechtigt akzeptieren. ... Und die Mädchen müßten in der Richtung erzogen werden, daß sie eigenständiger und selbständiger werden und ihre Person voll in die Waagschale werfen, wie es die Buben machen, nicht immer zu Recht, nur einfach, weil sie Buben sind."

6. Konflikte im Hort – von Gleichberechtigung keine Spur

Streit und Auseinandersetzungen sind in Horten an der Tagesordnung. Sie sind unvermeidbar angesichts der unterschiedlichen Wünsche und Erwartungen der Kinder, des räumlich meist beengten Zusammenseins in einer großen Gruppe und vor dem Hintergrund eines anstrengenden Schulvormittages. Sie sind auch notwendig, um das Aushandeln von Regeln, das Vertreten verschiedener Standpunkte und Interessen einzuüben, eigene und fremde Grenzen zu erfahren und Freundschaften entstehen zu lassen (s. Krappmann 1992). Der Kindheitsforscher Lothar Krappmann bezeichnet das Grundschulalter auch als „Streitphase", die besonders wichtig für die Entwicklung von Moral und eigenen Regeln sei (s. Krappmann 1984: 76).

Wie erleben Mädchen und Jungen Konfliktsituationen im Hort? Welche Erfahrungen machen sie in Auseinandersetzungen mit Kindern des gleichen Geschlechts, welche in Konfliktsituationen mit dem jeweils anderen Geschlecht?

Wir befragten Jungen, Mädchen und Erzieherinnen nach Anlässen, Verläufen und Lösungen (bzw. Lösungsversuchen) von Streitereien im Hort. Der Darstellung der Ergebnisse muß zum einen vorausgeschickt werden, daß die Häufigkeit, mit der einzelne Varianten von Konfliktverläufen und vor allem von Konfliktlösungen von den Kindern genannt werden, von Hort zu Hort sehr unterschiedlich sein können. Das hängt möglicherweise damit zusammen, daß sich viele Kinder sicher auch in der Interviewsituation daran orientieren, wie deutlich die Erzieherin ihrer Hortgruppe bestimmte Konfliktlösungen (z. B. Petzen oder Schlagen) ablehnt oder akzeptiert. Es lassen sich dennoch hortübergreifende Gemeinsamkeiten hinsichtlich der Konfliktanlässe und Reaktionsmuster von Mädchen und Jungen erkennen. Zum anderen muß hier wiederum daran erinnert werden, daß die aufgezeichneten Aussagen und das tatsächliche Verhalten nicht immer deckungsgleich sind.

Um die Orientierung in diesem etwas längeren Kapitel zu erleichtern, geben wir an dieser Stelle einen kurzen Überblick: Wir lassen zunächst die Mädchen zum Thema „Konflikte untereinander" zu Wort kommen, danach werden die Aussagen der Jungen zu Konflikten unter Jungen vorgestellt. Im Anschluß daran schildern Mädchen und Jungen ihre Wahrnehmung von Konfliktanlässen, -verläufen und -lösungen in Auseinandersetzungen zwischen Jungen und Mädchen. Außerdem wird kurz auf den unterschiedlichen Umgang von Mädchen und Jungen mit Situationen, in denen sie traurig sind,

eingegangen. Zum Abschluß des Kapitels stellen wir die Sicht der Erzieherinnen zu Konfliktsituationen und Konfliktverhalten im Hort vor.

6.1. „DANN BIST DU NICHT MEHR MEINE FREUNDIN"
KONFLIKTE UNTER MÄDCHEN

Die Mädchen berichten viel weniger von Konflikten untereinander als von
Konflikten mit Jungen. Das könnte daran liegen, daß sie (offene) Konflikte
untereinander eher vermeiden. In diesem Zusammenhang sei an das Selbstbild von Mädchen erinnert, wonach sich Mädchen weniger streiten als Jungen (s. 5. Kapitel), möglicherweise aus Angst vor dem Verlust der Freundin
(s. Brown/Gilligan 1994). Oder die Auseinandersetzungen untereinander
hinterlassen bei ihnen nicht denselben nachhaltig negativen Eindruck wie
die mit Jungen, in denen sie mit ganz anderen Handlungsmustern konfrontiert werden, wie an späterer Stelle deutlich werden wird.

„Die machen mich immer eifersüchtig"
Konfliktanlässe unter Mädchen

Bei der Mehrzahl der beschriebenen Auseinandersetzungen untereinander
schildern die Mädchen die konkreten Anlässe. Beispiele für Anlaß zu Streit
unter Mädchen sind: Das Nichtbeachten von Spielregeln, Wegnehmen von
Gegenständen, Ausschluß aus der Freundinnengruppe. Nur ganz vereinzelt
wird Eifersucht auf einen Jungen genannt, hingegen ist die Eifersucht auf
andere Mädchen häufig Anlaß für Konflikte: „Und dann hat sie (gemeint ist
ihre beste Freundin) noch eine gute Freundin, die heißt Anna, und die nimmt
sie mir dann immer weg. Und die machen mich dann immer so eifersüchtig
und das mag ich nicht" (Nadia, 9 J.).

„Irgendwann sind wir wieder Freundinnen"
Konfliktlösungen unter Mädchen

Mädchen finden, daß sie sich in der Regel schnell und unproblematisch versöhnen. Viele Konflikte werden anscheinend nicht ausgekämpft, sondern
„beiseite gelegt": „Dann sag ich, ,komm, sind wir halt wieder Freunde'. Und
dann lachen wir erstmal und sind halt wieder Freunde" (Iris, 8 J.). Dauert der
Streit mit der Freundin längere Zeit ohne Versöhnungsversuche an, wird bisweilen auch pragmatisch vorgegangen: „Wenn keine von meinen anderen

Freundinnen mehr da ist, dann spielen wir irgendwann wieder zusammen und dann haben wir uns wieder versöhnt" (Susanne, 7 J.).

In den Interviews wird aber auch deutlich, daß sich Mädchen häufig gegenseitig psychisch unter Druck setzen und mit beleidigtem Rückzug oder Liebesentzug auf Unstimmigkeiten reagieren. Jede Erzieherin kennt das harte Urteil: „Du bist nicht mehr meine Freundin", das Mädchen über die andere fällen: „Und wenn wir dann wieder einen Streit hatten, dann sag' ich, wenn ich mich so ärgere, dann bin ich nicht mehr deine Freundin. Und dann sagt sie, wir waren auch keine Freundinnen" (Emine, 9 J.).

Auch formelle Entschuldigungen werden vorgebracht, um sich mit den anderen Mädchen wieder zu vertragen: „Ich schreibe auch Zettel", vertraut uns Sarah (8 J.) an. Und Svenja (9 J.) fällt die Entschuldigung leichter, wenn sie gerecht verteilt wird: „Ich sage auch manchmal Entschuldigung, aber dann sage ich auch zu ihr: ‚nächstes Mal mußt du dich entschuldigen'. Aber das sage ich nicht laut, sondern ich sage, ‚komm mal her, Lisa', und dann sag' ich ihr das ins Ohr."

Äußerst selten erwähnen Mädchen, daß sie Konflikte körperlich oder mit Schimpfworten austragen (von sexuell gefärbten Schimpfwörtern unter Mädchen berichtet keine). Doch sie schließen diese Formen der Auseinandersetzung nicht aus: „Manchmal müssen wir auch schlagen, weil manchmal sind die anderen Mädchen unerträglich... Dann werde ich schon wütend, ich spreche zwar mit ihnen, aber wenn sie dann nicht aufhören, dann muß ich meine Wut rauslassen, und dann schlage ich sie halt manchmal" (Vera, 8 J.).

Nur in zwei Hortgruppen wird von jeweils einem Mädchen berichtet, das ohne äußeren Anlaß auffällig dominant und aggressiv auftritt. Die beiden Mädchen wenden immer wieder physische Gewalt an, um sich durchzusetzen. Die Erzieherinnen erklären uns später, daß dieses besonders aggressive Verhalten wahrscheinlich mit sexuellen Mißbrauchserfahrungen der beiden Mädchen zusammenhängt.

Entgegen den gängigen Vorurteilen, Mädchen würden petzen, sagen nur fünf der befragten Mädchen, daß sie sich bei Konflikten untereinander an die Erzieherinnen wenden. 38mal beschreiben sie Lösungsversuche, in denen sie ohne die Erzieherin auskommen.

6.2. „UND EINER VON UNS IST JA DANN STÄRKER"
KONFLIKTE UNTER JUNGEN

Jungen berichten sehr viel mehr von Konflikten untereinander als die Mädchen. Die äußeren Anlässe empfinden Jungen manchmal selbst als geringfü-

gig: „Manchmal streiten wir um irgendwas, das vielleicht gar nicht nötig ist"
(Gerd, 9 J.). In vielen Auseinandersetzungen scheint es tatsächlich weniger
um den Anlaß als mehr um das Aushandeln von Rangordnung und Status zu
gehen.

„Dann sagt der andere, das ist gar kein Foul"
Konfliktanlässe

Das gemeinsame Fußballspiel wird von Jungen am häufigsten als Anlaß für
Konflikte genannt. Es bietet unzählige Möglichkeiten, sich über Spielverhalten, Mannschaftsaufstellung und die Anerkennung von Fouls zu streiten:
„Die (anderen Jungen) schlägern, z. B. beim Fußball, wenn man dem anderen wehgetan hat, und es ist ein Foul, dann sagt der andere, das ist gar kein
Foul", erklärt Fabian (8 J.). Nico, ebenfalls acht Jahre, beschwert sich über
seine Vernachlässigung bei der Aufstellung des Teams: „Die wollen nur mit
dem Sven spielen, weil der ist der beste Spieler vom anderen Hort." Neben
Uneinigkeiten im Zusammenhang mit dem Fußballspiel sind Beleidigun-
gen, Hänseleien oder der Kampf ums Rechthaben ebenfalls Anlaß für Auseinandersetzungen unter Jungen: „Der Kurt sagt zu mir Fettbacke, Fettbacke. Da zahl' ich ihm das heim", meint Patrick (10 J.). Und Oliver (9 J.)
ärgert sich wiederum über Patrick, „weil der Patrick so dick ist und will es
nicht zugeben".

Andere Beispiele für Auseinandersetzungen unter Jungen: Häufig werden
die lästige Pflicht des Tischdienstes, der Ausschluß durch andere Jungen
oder Schummeln genannt. Auch unverhältnismäßig heftige Reaktionen
mancher Jungen sind Anlaß für Konflikte: „Immer, wenn man ihn ein bißchen ärgert, dann sagt er, ‚magst du Schläge?' ", sagt Silvio (7 J.). Und auch
Bruno (7 J.) beschwert sich: „Der Mustafa tut immer so angeben. Ich hab' gar
nichts gemacht und dann schlägt er schon zu." Anders als bei den Mädchen
wird Eifersucht auf den besten Freund bei den Jungen nur einmal als Anlaß
für Streit genannt.

„Wir hauen meistens"
Lösungsversuche in Konflikten unter Jungen

In Auseinandersetzungen unter Jungen dominieren Schlagen und körperli-
ches Kräftemessen. Auf die Frage „Was macht ihr, wenn ihr euch streitet?",
meint Peter (11 J.): „Meistens zusammenschlagen"; sein Freund Roman
(10 J.) ergänzt: „Aufs Kreuz legen, aber am nächsten Tag ist dann alles wie-

der in Ordnung", und: „Boing, boing, Schädel einhauen", meint Ingo (6 J.)
mit einer entsprechenden Geste.

An zweiter Stelle der möglichen Reaktionsweisen in Konflikten unter Jungen stehen Schimpfworte, zum Teil auch sexuell abwertender Art, wie
Hurensohn, schwule Sau, ich ficke deine Mutter, Wichser u. ä. Die meisten
Jungen erwähnen, daß diese Ausdrücke in Gegenwart der Erzieherin nicht
gestattet sind und deshalb nur heimlich ausgesprochen werden. Nur Max
(9 J.) setzte sich bewußt mit der Bedeutung sexistischer Schimpfworte auseinander: „Vor zwei Monaten hab' ich das (gemeint ist Hurensohn) zum letzten Mal gesagt." Auf die Nachfrage, warum er das seitdem nicht mehr tut,
meint er: „Weil meine Mama mir erklärt hat, was das bedeutet. Das geht
nämlich gegen die Mutter."

Ebenso wie die Mädchen warten auch die Jungen manchmal ab, bis der Konflikt vergessen wird: „Irgendwie einigen wir uns dann schon", sagt Nesrin
(11 J.). Und auch Carlo (8 J.) meint, daß die Konflikte in der Regel relativ
undramatisch verlaufen: „Erstmal sind wir sauer, ein paar Tage. Dann vergessen wir es über Nacht, und am nächsten Tag spielen wir so wie gewohnt."
Die formale Entschuldigung ist auch unter Jungen ein Weg zur Versöhnung:
„Bei mir sage ich gleich nach dem Streit wieder Entschuldigung. Manchmal
wollen sie dann nicht, und dann sage ich nochmal Entschuldigung, nach einer halben Stunde oder so. Und dann sagen sie okay" (Jonas, 8 J.). In Auseinandersetzungen untereinander wenden sich auch die Jungen relativ selten an
die Erzieherin. Diese Konfliktlösung nennen die Jungen nur fünfmal, andere
Varianten 45mal.

6.3. „ DIE EVA, DIE ÄRGERN WIR AM BESTEN"
     KONFLIKTE ZWISCHEN MÄDCHEN UND JUNGEN

Mädchen schildern weitaus häufiger als die Jungen Konflikte mit dem anderen Geschlecht und haben damit auch wesentlich größere Probleme als mit
den Konflikten untereinander. Wie sehr sich Mädchen durch die Konflikte
mit Jungen belastet fühlen, kann man auch aus ihren Antworten auf die Frage, was sie, wenn sie zaubern könnten, im Hort verändern würden, ablesen:
Sechs Mädchen wünschen sich, die Jungen sollten netter sein, fünf wollen
gerne die Jungen in Tiere verwandelt wissen (bevorzugt in Frösche). Eine
wünscht sich, ein Tiger sollte alle Jungen auffressen, und sechsmal meinen Mädchen, „die Kinder sollten netter sein", wobei sie nicht differenzieren, ob sie Jungen oder Mädchen meinen. Von Jungen kommen in diesem
Zusammenhang solche Antworten in bezug auf Mädchen so gut wie gar
nicht.

Jungen hingegen berichten häufiger von Auseinandersetzungen untereinander als von Konflikten mit Mädchen. Es ist zu vermuten, daß Jungen viele Situationen, die von Mädchen als Konflikte beschrieben werden, gar nicht als solche erleben, da sie nicht (oder nur wenig) unter ihnen leiden. Einige Jungen stellen auch klar, daß es kaum Streitanlässe gibt, da sie sich mit Mädchen gar nicht abgeben: „Streit mit Mädchen? Mit denen spiel' ich doch gar nicht", behauptet Axel (8 J.).
Wie verhalten sich Mädchen und Jungen in Konflikten untereinander? Welche Konfliktlösungen setzen sie ein, und was erreichen sie jeweils mit ihrem Verhalten?

„Wir gehen ganz normal vorbei und dann hauen sie uns einfach" Konfliktanlässe und Konfliktverläufe

Aus der Sicht der Mädchen geht vielen Auseinandersetzungen mit Jungen kein unmittelbarer Anlaß voraus, oder lediglich ein so geringfügiger, daß er in ihren Augen die oft heftigen Reaktionen der Jungen nicht rechtfertigt. Wir waren zu Beginn der Interviews davon ausgegangen, daß die Jungen die Sichtweise der Mädchen „Jungen ärgern uns ohne Grund" relativieren würden, indem sie aus ihrem Blickwinkel schildern, wie Mädchen durchaus Auseinandersetzungen mit ihnen provozieren. Von den Jungen wird jedoch wider Erwarten die Wahrnehmung der Mädchen weitgehend bestätigt: Bis auf wenige Ausnahmen beschreiben die Jungen kaum konkrete Anlässe für Konflikte mit Mädchen. Es kommt selten vor, daß Mädchen Jungen körperlich attackieren. Die Jungen berichten kein einziges Mal davon, daß sie von Mädchen grundlos angegriffen werden. Den meisten Jungen ist es möglicherweise peinlich, so einen Rollentausch zuzugeben (s. Schnack/Neutzling 1990a: 35; Fuchs 1992: 176). Nur wenige Jungen deuten an, daß auch Mädchen ab und zu „tätlich" werden, „wenn ich sie ärger' und manchmal auch einfach so", beschwert sich beispielsweise Bert (6 J.).
Warum also brechen die Jungen so häufig Konflikte mit den Mädchen vom Zaun? Jungen finden, daß die Auseinandersetzungen mit Mädchen ihnen häufig einfach gute Gelegenheiten liefern, eigene Aggressionen abzureagieren. Für manche Jungen haben sie auch Unterhaltungswert: „Schlagen von Mädchen ist mein Hobby", meint Gregor (7 J.). Günther (8 J.) antwortet auf die Frage, weshalb er Mädchen ärgert: „Weil's Spaß macht. Manchmal haben wir Langeweile, und da wollen wir was machen, und dann ärgern wir die Mädchen." – Aus der Sicht von Susanne (7 J.) sieht das dann so aus: „Meistens wenn ich male oder Hausaufgaben mache, dann kommt der Julius, und dann schubst er mich und dann kann ich nicht schreiben." Lothar Krapp-

mann vermutet, daß hinter solchen Auseinandersetzungen auch getarnte Annäherungsversuche stecken können (s. Krappmann/Oswald 1983: 438f). Steffi (9 J.) findet Streit mit Jungen zwar durchaus spannend: „Wenn es nur ein Mädchenhort wäre, dann wäre es auch ein bißchen langweilig, weil da hätte man keinen Streit." Doch die meisten Auseinandersetzungen zwischen Mädchen und Jungen, die uns geschildert werden, erleben zumindest die Mädchen nicht als getarnte Annäherungsversuche, sondern eindeutig als Aggressionen.

Die Mädchen beschreiben vielfältige Formen aggressiven Verhaltens von Jungen gegenüber Mädchen. Viele berichten von körperlichen Attacken der Jungen: „Wenn die Mädchen gewinnen, dann tun uns die Buben manchmal schubsen, hauen und zwicken" sagt Ayse (8 J.). Auch Marion (7 J.) beobachtet: „Manchmal streiten die Mädchen und die Buben. Und dann schlagen sie uns, die Buben, weil sie immer denken, daß die Buben mehr recht haben als die Mädchen."

Ernsthafte physische Folgen nach den Attacken der Jungen sind in Horten vielleicht nicht gerade an der Tagesordnung, Sandra (8 J.) ist aber durchaus nicht die einzige, die diesbezügliche Erfahrungen oder Beobachtungen schildert: „Bei mir war's mal so, ein grober Junge, der hat mich gepackt und an die Wand geschmissen, nur weil ich einen Zettel weggenommen habe. Da hatte ich eine Gehirnerschütterung."

Die Jungen erzählen mit einem gewissen Stolz, wie sie die Mädchen ärgern. Auf die Frage „Und streitet ihr euch auch mit Mädchen?" berichtet Hansi (7 J.): „Die treten wir, daß sie heulen oder bluten. Ich hab' schon mal ein Mädchen mit einem Messer bedroht." Volker, ebenfalls sieben Jahre, erzählt begeistert: „Die Eva, die ärgern wir am besten, weil die so klein und schwach ist. Die treten wir nicht, die ziehen wir an den Haaren, die weint und kreischt dann." – In beiden Beispielen werten die Jungen Zeichen der Mädchen von Schmerzen oder Schwäche als Beweis für den Erfolg ihrer Gewaltanwendung, nicht etwa als Hinweise, die Mädchen in Ruhe zu lassen.

Mädchen müssen aufgrund von solchen extremen Reaktionen oft schon von vornherein auf der Hut sein: „Der Malte, der ist ganz schön brutal, wenn du da irgendwas Falsches machst, wie jetzt die Sarah ihm was wegnimmt oder so. Da wird der gleich ganz rot, schubst Dich, und wird total aggressiv" (Sandra, 9 J.).

Mädchen beschweren sich in einigen Horten auch über sexuell gefärbte Übergriffe der Jungen: „Manchmal kommen die Jungen aufs Mädchenklo und ziehen uns die Hosen runter" (Britta, 8 J.). Ähnliche Erfahrungen hat auch die neunjährige Marcella: „Sie heben uns die Röcke hoch und ziehen die Hosen runter."

In manchen Horten sind Schimpfworte, die sexuell diffamieren und die tra-

ditionelle Doppelmoral und Frauenabwertung transportieren, an der Tagesordnung. Oft ist die konkrete Bedeutung des verwendeten Ausdrucks gar
nicht bekannt, wohl aber seine abwertende und verletzende Wirkung: „Der
Sascha sagt immer, du Wichser, oder verfick dich in deinen Arsch, oder
Arschloch, oder sie sagen, ich bin ein Hurensohn. Und dann sagen sie
Schimpfwörter über unsere Eltern. Da sagen sie, ich bin eine Mißgeburt,
oder sie sagen, daß meine Mutter ganz fett ist, dabei ist sie ganz dünn" (Tina,
8 J.).

Weiter berichten die Mädchen, daß die Jungen versuchen, sie von bestimmten Spielen auszuschließen bzw. zum Mitmachen zwingen. Der Zwang zum
Mitspielen wird von einigen Jungen durch die Androhung von Gewalt
durchgesetzt: „Ich hab' in der Ruheecke gesessen, hab' ein Buch angeschaut,
und dann kam er rein und hat gesagt: ‚Du spielst jetzt mit mir Kicker!' Und
ich: ‚Nee'. Und er: ‚Dann kriegst du Schläge'" (Elke, 10 J.). Auch Denia (8 J.)
kritisiert: „Mir gefällt nicht, daß die uns antreiben und sagen: ‚jetzt machen
wir dies und das', und dann sagen sie, ‚komm, sonst schläger ich dich'." Wollen umgekehrt die Mädchen mit den Jungen spielen, kommt es vor, daß diese
drohen: „Haut ab, sonst schlag' ich euch zusammen." Wieder werden solche
Schilderungen von Jungen bestätigt, zum Teil in einer etwas abgemilderten
Version: So meint z. B. Carlo (9 J). auf die Frage, „Wann gibt es Streit mit
Mädchen?": „Wenn ich was spielen will, und die mitspielen wollen, aber sie
können es gar nicht." „Was machst du dann?" „Ich schubse sie einfach weg
oder verjage sie."

Um Mädchen vom Fußballspielen abzuhalten, müssen sie nicht unbedingt
weggeschubst werden. Oft ist das Lächerlich-Machen von Mädchen, die
Fußball spielen, eine wirksame Ausschlußmethode. Auf dieselbe Weise werden auch Mädchen, die Jungen von ihren Spielen ausschließen, diffamiert.
Lisa (10 J.) erzählt ein Beispiel: „Wir haben mal einen Sportclub gemacht, da
haben wir immer unterrichtet, z. B. Bockspringen. Da wollten die Jungen
immer mitspielen, und wir haben gesagt, ‚nein, das ist nur ein Club für Mädchen', aber sie haben nicht mitgemacht. Und sie haben uns immer geärgert,
sie haben immer so Kommentare gemacht. Da ist eine halt mal nicht ganz
über den Bock drübergekommen, da hat er gesagt, ‚hihi, die ist nicht über den
Bock drübergekommen'."

Zu Auseinandersetzungen zwischen Mädchen und Jungen kommt es auch,
wenn sie sich gegenseitig bei ihren Lieblingsspielen stören. Mehrere Jungen
erwähnen, daß Mädchen sie am Fußballspiel hindern, entweder, weil sie mitspielen wollen und es nicht können, oder weil sie auf derselben Wiese etwas
anderes spielen wollen.

Mädchen beschweren sich ihrerseits über die Jungen, die z. B. Seilspringen,
Reifen oder Gummitwist mitmachen wollen, ohne sich an Abmachungen zu

halten: „Dann haben sie gesagt, nur einmal wollen wir probieren, und dann haben sie es öfters gemacht" (Amira, 8 J.). Im Vergleich zu den relativ zahlreichen Beschwerden der Mädchen berichten nur wenige Jungen, daß sich Mädchen unter einem ähnlichen Vorwand Zutritt zu den Lieblingsspielen der Jungen verschaffen.

Wie lösen Mädchen und Jungen ihre Konflikte?

Insgesamt geht aus den Interviews hervor, daß viele Mädchen keine zufriedenstellende Strategie zur Lösung der Konflikte mit Jungen gefunden haben. Die von ihnen eingesetzten Verteidigungsformen gegen die Aggressionen der Jungen führen nur selten zu langfristigen Erfolgen. Dies bestätigt auch die Mehrzahl der Jungen, die in Mädchen keine ernstzunehmenden Gegnerinnen sehen. Betrachten wir im folgenden unterschiedliche Konfliktlösungsversuche.

„Wenn's mir zuviel wird, schlag' ich sie "

Jungen behaupten, Konflikte mit Mädchen gerne körperlich auszutragen. Oliver (9 J.) ist kein Einzelfall: „Und was macht ihr, wenn's Streit gibt?" – „Schlagen" – „Jungs oder Mädchen?" – „Mädchen" – „Und schlägert ihr euch auch mit Jungs?" – „Nein, hauptsächlich mit Mädchen." Wir trafen auch auf Jungen wie Sascha (10 J.), die sagen: „Wir schlagen aber nie Mädchen." Diese „ritterliche" Haltung können sie von einer gesicherten überlegenen Position aus leicht vertreten, ohne daß sie Mädchen deshalb als ebenbürtige Partnerinnen oder Gegnerinnen anerkennen oder ernst nehmen. Immerhin werden Mädchen von diesen Jungen in Ruhe gelassen. Aber die Jungen, die sich nicht damit brüsten, Mädchen in Konflikten mit dem „Recht des Stärkeren" zu konfrontieren, sind in der Minderzahl.
Hingegen können sich viele Mädchen überhaupt nicht vorstellen, gegen die Attacken der Jungen ebenfalls mit körperlicher Gewalt anzugehen. Hier wird deutlich, wie sehr das Selbstbild konkretes Konfliktverhalten beeinflußt. Gefragt, warum sie nicht zurückschlagen, wenn sie angegriffen werden, erklärt Evi (9 J.): „Weil wir machtlos gegen die starken Jungs sind. Wir können uns einfach nicht wehren, nur mit Wörtern." – Hier wird auch erkennbar, daß Mädchen die in vielen Horten gesetzte Norm, sich nur verbal zu streiten, einhalten, die Jungen hingegen, die sich über diese Norm hinwegsetzen, aber offenbar die „schlagkräftigeren" Argumente haben.
Es gibt aber durchaus Mädchen, wenn auch nur wenige, die sich gegen Angriffe von Jungen auch körperlich zur Wehr setzen. Sie erzielen damit unter-

schiedliche Erfolge. „Ich ärger' sie so, wie sie mich ärgern: Ich zwick' sie in den Po. Dann rennen sie zwar hinterher, aber dann hören sie auch auf", schildert Paula (7 J.) ihre erfolgreichen Erfahrungen. Manche Mädchen, wie z. B. Tina (8 J.), schlagen nicht einfach spontan zurück. Sie wägen erstmal ab, ob der „Einsatz der Mittel" ihnen gerechtfertigt erscheint: „Manchmal hauen wir so zu, und dann sagen sie, ‚du Arschloch', und dann hauen wir vielleicht mit den Füßen zu. Wir überlegen erst, wenn wir was tun."

Wehren sich die Mädchen tatkräftig, so reagieren einige Jungen darauf unerwartet wehleidig: „Aber wir haben auch manchmal zugeschlagen, nur manchmal. Aber nicht mit den Füßen, nur so leicht. Aber die müssen dann schon weinen" (Denia, 8 J.). Und ihre Freundin bestätigt, daß hinter der zur Schau getragenen Stärke mancher Jungen eine erstaunliche Empfindlichkeit steckt: „Ich habe mal einen gehaut, der hat dann schon geweint. Der war in der zweiten Klasse, und ich hab' ihn nur so angefaßt, und dann hat er schon geweint" (Ronia, 7 J.). Vielleicht ist es nicht so sehr der körperliche Schmerz, der die Jungen in diesen Situationen weinen ließ, als vielmehr das Gefühl, einem Mädchen unterlegen zu sein: „Von einem Mädchen verhauen zu werden gilt als besonders schlimme Niederlage" (Schnack/Neutzling 1990a: 35).
Doch selbst Denia (8.J) und Ronia (7.J), zwei Mädchen, die also durchaus die Erfahrung eigener Gegenwehr gemacht haben, vergelten nur selten körperliche Attacken: „Aber wir wehren uns nicht so oft." – „Warum eigentlich nicht?" – „Weil wir haben manchmal einfach keine Lust und lassen die Buben ärgern." – „Ihr wollt lieber eure Ruhe haben?" – „Ja."
Manche Mädchen bezweifeln auch – teilweise aus der schlechten Erfahrung anderer – den Erfolg körperlicher Gegenwehr: „Die Judith, die wehrt sich und dann tritt er immer brutaler zurück", begründet Melek (7 J.), warum sie

nicht zurückschlägt. Melek ist nicht die einzige. Aus Angst vor der vermeintlichen Stärke der Jungen wehren sich auch viele andere Mädchen nicht mit all ihren Kräften, auch dann nicht, wenn sie wie Ute (8 J.) das Gefühl haben „dem könnte ich eine reinhauen, so sauer bin ich auf den". Aber, wie Irina (6 J.) erklärt: „Wir tun die nicht treten, und auch keinen Fuß stellen, weil die sind ja stärker. Und dann tun wir sie manchmal mit der Hand hauen, aber nur ganz leicht."

„Wir tun so, als ob sie Geister wären "

Viele Mädchen versuchen schon im Vorfeld, Konflikten mit Jungen aus dem Weg zu gehen, oder sie zumindest nicht eskalieren zu lassen, weil sie befürchten, sonst geschlagen zu werden. Zum Beispiel spielt Irina (6 J.) grundsätzlich gern mit Jungen. Allerdings schränkt sie ein: „Außer, wenn sie mich schlagen. Aber ich weiß schon, bevor sie das Schlägern anfangen."
„Ich tu so, als ob sie nicht da wären", beschreibt Anette (8 J.) ihre Strategie, Provokationen der Jungen einfach zu ignorieren. Melek (7 J.) erzählt ebenfalls: „Neulich hat der Andreas mich getreten, da bin ich einfach weitergegangen und habe nicht geheult und so getan, als wenn er nicht da wäre."
Fedia (8 J.) beschreibt, wie sie und ihre Freundinnen auf Schimpfworte der Jungen reagieren: „Nein, da hören wir gar nicht zu. Wir tun so, als ob sie Geister wären, und wir halten uns die Ohren zu." Diese Strategie wird Mädchen auch von einigen Erzieherinnen nahegelegt: „Die Erzieherin hat uns gesagt, wir sollen uns nicht drum kümmern, und dann wird es ihnen langweilig und dann hören sie auf" (Tanja, 7 J.).
Ignorieren führt in der Situation selbst vielleicht zu kurzfristigen Erfolgen, aber gewiß nicht dazu, daß Jungen auch langfristig ihre Provokationen unterlassen. Außerdem werden Ärger und Verletzung der Mädchen auf diese Weise ebenfalls ignoriert: „Wenn die Jungen böse sind auf die Mädchen, dann schlagen sie einmal zu, und dann geht das Mädchen weg, und das find ich nicht so gut", bestätigt Ina (7 J.).
Manche Mädchen interpretieren die Angriffe der Jungen auch als Spaß. Auf diese Weise können sie der Frage, wie und ob sie sich wehren sollten, ausweichen. Welches Mädchen möchte schon als Spielverderberin gelten? Während sich Lydia (10 J.) beschwert: „Wenn wir zum Fußballplatz gehen, wenn die da spielen, dann hauen sie uns immer, oder sie gehen uns hinterher", beschwichtigt ihre Freundin: „Eigentlich machen die Jungen immer nur Spaß" (Edith, 10 J.). Hier wird eine Sichtweise von Jungen übernommen, die ebenfalls häufig Mädchen-Ärgern als Spaß betrachten. Monika Barz und Susanne Maier-Störmer, zwei Lehrerinnen, die im Rahmen eines For-

schungsprojektes Geschlechtersozialisation in der Schule untersuchten, schreiben dazu:

„Jungen bagatellisieren ihr aggressives Verhalten gegenüber Mädchen gerne als ‚Jux'. Diese Argumentationsweise hat ihre Parallele zwischen Männern und Frauen. Wehrt sich eine Frau gegen frauenfeindliche Witze und Bemerkungen, erhält sie nicht selten die Standardantwort: Das war doch nur ein Scherz, du verstehst keinen Spaß mehr! Die Bagatellisierung sexistischen Verhaltens als ‚Spaß' ist ein bewährtes Mittel, um Kritik abzuschmettern, bzw. auf sich wehrende Frauen zurückzuwerfen. Die Frauen sind dann die Spielverderberinnen" (Barz/Maier-Störmer 1982: 284).

„Alle Mädchen gegen alle Jungen?"

Während es für viele Jungen relativ vertraut zu sein scheint, sich in größeren Gruppen zusammenzuschließen und gegen die Mädchen zusammenzuhalten, kommt die Solidarität der Mädchen gegen die Jungen nur selten vor. Von einem Zusammenschluß gegen die Jungen wird uns nur dreimal berichtet, mit jeweils unterschiedlichen Erfolgen: Lena (9 J.) erzählt z. B.: „Die Jungs haben uns mal so geärgert und haben immer gemeint, daß sie alles bestimmen können. Dann haben wir im Hof gegen die gekämpft. Alle Mädchen gegen alle Jungen. Aber die Jungen waren unfair, die haben Stöcke genommen." Iris (8 J.) erzählt: „Mit den Mädchen gibt's keinen Streit, aber mit den Jungen. Die sagen immer – nicht zu uns, sondern zu den Dicken, ‚fettes Schwein' und sowas, nur weil sie dick sind." – „Und was macht ihr da?" – „Dann gehen wir und hauen ihnen eine."
In der Regel werden Mädchen jedoch nicht dazu erzogen, sich gemeinsam zu wehren (s. auch Wildt/Naundorf 1986:146). Solidarisches Verhalten unter Mädchen wird zusätzlich durch die Angst erschwert, selbst die nächste zu sein, die ein Opfer der Aggression von Jungen werden könnte (s. Wildt/ Naundorf 1986: 146).
Jungen schließen sich viel eher zu einer Gruppe zusammen, während Mädchen häufiger mit der besten Freundin spielen oder reden. Vielen fehlt die Erfahrung, daß auch sie sich gemeinsam wehren können – und dürfen.

Schimpfwörter als verbale Konfliktstrategien

Gegen (sexuell gefärbte) Schimpfworte von Jungen wehren sich Mädchen nach Ansicht der meisten Jungen selten auf effektive Weise. Das liegt wohl zum einen daran, daß es für Jungen zwar Ausdrücke gibt, die tabuisierte Bereiche männlicher Sexualität (Wichser), nicht aber heterosexuelles Verhalten von Jungen/Männern abwerten, wie das z. B. mit „Hure" bei Mädchen möglich ist. Zum anderen gilt für die Erziehung von Mädchen immer noch: „Als Mädchen sagt man das nicht." Gefragt: „Und was sagen die Mädchen zu euch?" meint Peter (11 J.): „Naja, Depp, Idiot, Arsch. Sonst nichts Schlimmes." Auch Jakob, ebenfalls elf Jahre, besteht (auch bei Nachfragen der Interviewerin) auf den harmlosen Reaktionen der Mädchen. Er meint, die Mädchen sagen: „,Hör bitte auf' " – „Also keine Schimpfwörter?" – „Nein, die sagen immer, ‚hör bitte auf'." Nur drei Jungen sind der Ansicht, daß Mädchen durchaus auf drastischere Schimpfworte zurückgreifen.

Manche Mädchen geben auch zu verstehen, daß sie Jungen gegenüber weniger Scheu haben, sich mit Ausdrücken wie Wichser, Ficker oder Arschloch zu wehren als gegenüber Mädchen. Einige, denen diese Worte zu unanständig erscheinen, diese Ausdrücke aber dennoch nicht auf sich sitzen lassen wollen, ziehen sich aus der Affäre, indem sie auf die Schimpfworte der Jungen erwidern: „Das Doppelte", oder „Bist du selber".

Nach wie vor bleiben Mädchen bei harmloseren Schimpfworten wie z. B.: „Dummkopf", „Strohkopf" oder eigene Kreationen wie „Mülltonnendurchsucher". Wie aus den Aussagen der Jungen hervorgeht, beeindrucken sie diese damit nur wenig.

Doch nicht nur die gute Erziehung, auch die Angst vor den heftigen Reaktionen der Jungen hält Mädchen davon ab, entschieden zurückzuschimpfen. Einige Mädchen vermeiden sogar das Symbolisieren von Ausdrücken durch Zeichensprache, da sie befürchten: „Die Jungen, die hauen einem den Kopf ab, wenn du denen in die Quere kommst" (Ulrike, 8 J.). Ihren Kopf würden Mädchen wohl nicht verlieren, wenn sie sich ernsthaft wehren, aber von körperlichen Reaktionen auf Schimpfworte der Mädchen berichten auch die Jungen: „Und sagen die Mädchen zu euch auch Schimpfworte?" „Manchmal, und dann verkloppen wir sie" (Hansi, 7 J.).

„Also, das Petzen hilft meistens"

„Petzen" bzw. „die Erzieherin holen" sind weitere Lösungsmöglichkeiten in Konflikten zwischen Mädchen und Jungen. Von Mädchen wird diese Variante häufiger gewählt als von Jungen. Allerdings nach Aussagen der Mädchen seltener als es mancher Erzieherin vorkommen mag. Nur 18mal berichten Mädchen von Hinzuziehen der Erzieherin bei Konflikten mit Jungen. Dreimal häufiger beschreiben sie andere Lösungsversuche. Allerdings wenden sich Jungen in Auseinandersetzungen mit Mädchen noch viel seltener an die Erzieherinnen – nur viermal erwähnen sie diese Lösung, siebenmal häufiger andere Varianten. Wieso auch, gehen sie doch auch ohne deren Unterstützung meistens als die Überlegeneren aus der Situation hervor. Nur Jonas

(8 J.) meint: „Entweder ich petze oder ich schlage" und ergänzt auf Nachfrage: „Also das Petzen hilft meistens."

Manche Mädchen vertreten die Konfliktlösung „Petzen" ganz offen: „Wir gehen meistens zur Erzieherin, weil wir nicht einsehen, daß sie uns ohne Grund schlagen." Den Mädchen zufolge führt dies jedoch oft nicht zum gewünschten Erfolg, denn viele Erzieherinnen fordern von ihnen: „Regelt das alleine."

Doch auch dann, wenn die Erzieherin in den Konflikt eingeschaltet wird, beobachten Mädchen bisweilen, daß gegen manche Jungen selbst die Erzieherin nicht ankommt: „Ich bin die Zweitälteste. Der Marco ist jünger und trotzdem schlägt er mich, obwohl ich älter bin als er. Er ist kräftiger. Dann gehe ich in eine Ecke und weine. Dann sag' ich's meiner Mama, die redet dann mit der Erzieherin, die dann mit dem Marco. Der Marco hört aber nicht auf" (Carla, 11 J.).

Auch die Jungen registrieren, daß die Mädchen nicht immer Erfolg haben, wenn sie sich an die Erzieherin wenden: „Die Jennifer ist so eingebildet, dann schlag' ich sie ein bißchen. Und dann geht sie zur Erzieherin. Aber die sagt, sie sei selbst schuld" (Rolf, 7 J.). Auf diese Weise erfahren Jungen, daß ihre Aggressionen gegenüber Mädchen toleriert werden. Rolf ist durchaus kein Einzelfall. Timo (9. J) erzählt: „Zum Beispiel bei der Monique, die ist so frech, da hab' ich ihr eine geschmiert, dann rennt sie zur Erzieherin. Die kommt dann, und ich habe gesagt, ,ich hab der Monique eine geschmiert'. Und sie: ,ich weiß', – sonst nichts."

6.4. „WENN ICH GEWEINT HÄTTE, DANN HÄTTEN ALLE HEULSUSE ZU MIR GESAGT" – VOM UMGANG MIT TRAURIGKEIT

Bisher sind wir lediglich auf Konflikte eingegangen, in denen Streit und Ärger(n) eine Rolle spielen. Außer acht gelassen wurden bisher Konflikte im Hort, in denen die Kinder sich nicht so sehr ärgern, sondern in erster Linie traurig sind. An wen wenden sie sich in solchen Situationen?

Interessant ist der Unterschied zwischen Jungen und Mädchen in der Wahl ihrer Vertrauensperson. Zwar holen die Jungen in Streitsituationen seltener die Erzieherin als die Mädchen (s.o.), aber auf die Frage, zu wem sie im Hort gehen, wenn sie traurig sind, antworten bedeutend mehr Jungen (27) als Mädchen (17): „Ich gehe zur Erzieherin." Mädchen nennen statt dessen 25mal eine Freundin, Jungen nur 16mal einen Freund.

Während 23 Mädchen sagen, sie würden zu niemandem gehen, meinen das nur neun Jungen. Ebenfalls neun Jungen behaupten, nie traurig zu sein: „Wenn ich traurig bin? Kommt nie vor", behauptet zum Beispiel Udo (10 J.).

Und auch Max (9 J.) erklärt: „Ich bin aber selten traurig, ich bin meistens gut drauf."

Andere Jungen wandeln Niederlagen und Kummer in Aggression um. Traurig zu sein, können sie sich offenbar nicht zugestehen: „Bei mir ist es nur ganz kurz. Nur fünf Minuten und dann bin ich nicht mehr traurig", sagt Timmy (10 J.). „Und gehst du in den fünf Minuten nicht zu jemandem hin?" – „Nein, ich stelle etwas Lustiges an, dann lache ich und dann bin ich nicht mehr traurig." – „Was ist das zum Beispiel?" – „Jemanden ärgern oder so. Zum Beispiel hab' ich den Peter auf den Boden gelegt, und er hat mir eine geschmiert. Da hab' ich ihn gefragt, ,hörst Du auf?' – ,nein' – da hab' ich ihm eine geschmiert. Dann hat er geheult. Da hab' ich ihn mit dem Kopf auf die Wiese gehauen, weil er mich so genervt hat."

Auch Lars (8 J.) muß sein Gefühl von Stärke wieder herstellen, indem er sich an einem anderen abreagiert, der dann (quasi stellvertretend) die Tränen vergießt: „An wen wendest du dich, wenn du traurig bist im Hort?" – „An gar keinen. Da schlag' ich einfach zu." – „Und dann ist es besser?" – „Ja, denn dann weint der, und ich lache." – Solche Äußerungen kommen bei den Mädchen nie vor.

Noch immer scheint Weinen unter Jungen weitgehend verpönt zu sein. Manche Jungen, die traurig sind, schlagen deshalb lieber zu, oder sie ziehen sich zurück, so wie Michele (8 J.), der sich an niemanden wendet, sondern „in eine Ecke" geht, denn: „Wenn ich geweint hätte, dann hätten alle Heulsuse zu mir gesagt."

Jungen, die Traurigkeit nicht direkt ausdrücken können (oder dürfen), zeigen, wie stark ihr Selbstbild das Konfliktverhalten beeinflußt. Wenn Jungen ihre Traurigkeit leugnen und immer „gut drauf" sein müssen, oder sie sofort als Aggression an anderen abreagieren, um nicht an sich bzw. ihrer Männlichkeit zu zweifeln, dann eifern sie damit einem Konzept von Männlichkeit nach, das die meisten von ihnen nicht nur heillos überfordert (s. Schnack/ Neutzling 1990b: 18), sondern auch ihre Gewaltbereitschaft fördert.

Viele der in den Interviews geschilderten Aggressionen von Jungen gegen Mädchen sind möglicherweise auch darauf zurückzuführen, daß Jungen die Diskrepanz zwischen ihrer Sehnsucht, ein „richtiger", d. h. ein „starker Mann" zu sein, und ihren realen Erfahrungen nicht ertragen und mit Gewalt das Gefühl von Stärke wieder herzustellen versuchen.

6.5. FAZIT

Mädchen bringen deutlich zum Ausdruck, daß sie mehr unter Konflikten, die sie mit Jungen haben, leiden als unter Konflikten untereinander. Viele Konflikte zwischen Mädchen werden nicht (offen) ausgefochten, da sie wohl, würden sie ernst genommen, doch sehr tief gehen können. Mädchen befürchten eher als Jungen, durch offene Auseinandersetzungen die Freundschaften aufs Spiel zu setzen. So versöhnen sie sich in der Regel recht schnell und kommen sich gegenseitig dabei entgegen. „Nette Mädchen haben mehr Freunde" beschreiben L. Brown und C. Gilligan in einer Untersuchung diese Handlungsmaxime unter Mädchen (Brown/Gilligan 1994: 56). Sie nennen auch die Kehrseite dieses – nach außen – weniger aggressiven Verhaltens unter Mädchen: „Die Forderung, nett und freundlich zu sein, kann auch eine Form der Unterdrückung sein, eine Methode zu kontrollieren und kontrolliert zu werden" (a. a. O.: 56).

In Konflikten unter Jungen geht es neben Streitereien um Spielzeug oder Tischdienste häufig um Machtdemonstrationen und ums Rechthaben. Nur selten nennen Jungen Eifersuchtsgefühle. Die körperliche Auseinandersetzung steht als Konfliktlösung bei ihnen an erster Stelle.

Konflikte zwischen Mädchen und Jungen scheinen sehr viel häufiger von Jungen provoziert zu werden. Dies entspricht nicht nur der Wahrnehmung von Mädchen, sondern auch der Sicht von Jungen. Konflikte mit Mädchen werden von einigen Jungen geradezu gesucht (darin gibt es aber große Unterschiede zwischen den Horten – und den Jungen). Manche Jungen hingegen geben sich gar nicht mit Mädchen ab, weshalb es für sie kaum Anlässe für Streit mit Mädchen gibt.

Faßt man die Aussagen der Mädchen und Jungen zusammen, so erscheinen Mädchen in Konflikten mit Jungen als die deutlich Unterlegenen. Nur sehr wenige Mädchen wissen, wie sie sich erfolgreich wehren können. Viele greifen auf passive oder verbale Widerstandsformen zurück.

Jungen betrachten fast durchgängig Mädchen nicht als ernstzunehmende Gegnerinnen und Konfliktpartnerinnen. Mädchen äußern sich irritiert über die Unverhältnismäßigkeit der Reaktionen der Jungen, die gerade in Konflikten von völlig anderen „Spielregeln" auszugehen scheinen als sie selbst. Während die Jungen sehr viel selbstverständlicher zu körperlicher Gewalt greifen, auch wenn es ihnen gar nicht so ernst ist, neigen Mädchen eher zu verbalen Konfliktstrategien oder zu Rückzug (s. auch Bensel 1992: Jungen drohen am liebsten mit Schmerzen, Mädchen eher mit Kontaktentzug). Monika Barz hat ähnliche Beobachtungen an Schulen gemacht. Hinter dem Verhalten, das Jungen gegenüber Mädchen zeigen, vermutet sie folgenden Zusammenhang:

„Jungen müssen also – gemäß gesellschaftlicher Erwartung – besser sein als Mädchen. Sie sind es aber nicht. – Und hier liegt das Problem für die Jungen. Mädchen sind den Jungen im schulischen Kontext überlegen. Zahlreiche Untersuchungen belegen, daß Mädchen häufig die besseren und erfolgreicheren sind, während Jungen eher diejenigen sind, die nicht so gut klarkommen. ... Mädchen eins auszuwischen, sie zu ärgern oder gar zu schlagen, hängt demnach eng damit zusammen, daß sich Jungen den Mädchen gegenüber als die Unterlegeneren wahrnehmen. Mit Gewalt versuchen sie, die Vormachtstellung zu sichern, um den gesellschaftlichen Anforderungen gerecht zu werden" (Barz 1984: 64).

Eine Vielzahl von Konflikten in Horten eskaliert wohl deshalb nicht, weil Mädchen frühzeitig nachgeben, weggehen oder Provokationen ignorieren: Auch an Horten gilt also oft genug das „Recht des Stärkeren".

6.6. „REGELT DAS UNTER EUCH"
KONFLIKTE AUS DER SICHT DER ERZIEHERINNEN

Nachdem wir die Sicht der Kinder dargestellt haben, interessiert uns, wie die Horterzieherinnen Aggressionen und Konflikte unter den Kindern wahrnehmen. Wir werden uns hier vor allem auf die Unterschiede zur Sicht der Kinder beschränken.

Die Eindrücke der Erzieherinnen von Konfliktanlässen und -formen innerhalb der Geschlechter entsprechen weitgehend, jedoch nicht ausschließlich traditionellen Mustern. Als häufigen Konfliktanlaß unter Jungen nennen die Erzieherinnen vor allem die Auseinandersetzung um Dominanz und Anführerschaft („Wer ist der Boss-Konflikte"). Als einziges weiteres Konfliktmotiv wird genannt, daß ein Junge einem anderen Sachen kaputtmacht oder wegnimmt. Der „körperliche Schlagabtausch" als Mittel der Konfliktlösung unter Jungen wird zwar von der Mehrzahl der Erzieherinnen erwähnt, aber nur von zweien wirklich negativ eingeschätzt („die hauen sich fürchterlich"). Andere betonen, daß dieses Konfliktverhalten schneller wieder zum Frieden führt.

Über das Konfliktverhalten der Mädchen äußern sie sich zum Teil kritischer und abwertender als über das Konfliktverhalten der Jungen, auch gehen sie auf Mädchenkonflikte ausführlicher ein als auf Konflikte unter Jungen. Die Anlässe seien „Zickeleien" oder „Kinkerlitzchen", die betreffenden Mädchen seien „zickig", „eingeschnappt" oder „nachtragend". Zwar sehen Erzieherinnen, daß sich Mädchen wenig körperlich auseinandersetzen und körperliche Konfliktlösungen oft nur als letztes Mittel anwenden, doch beschreiben sie die Konfliktlösungen der Mädchen nicht als positiv: „Mädchen keifen sich erstmal an" oder sie verletzen die andere, indem sie deren persönliche Integrität oder Fähigkeiten in Frage stellen. Auch Rückzug, Schmollen oder Petzen werden kritisiert. Die Erzieherinnen halten Mädchen also keineswegs für konfliktfähiger als Jungen – eher im Gegenteil. Diese Ergebnisse decken sich mit denen einer anderen Untersuchung über Kindertagesheime. So heißt es dort zur Sicht von Erzieherinnen auf Verhaltensweisen von Jungen und Mädchen: „So werden Mädchen häufig als zickig, hysterisch, nachtragend und nicht in dem Maße konfliktfähig beschrieben wie Jungen. Jungen werden zwar als aggressiv und oft störend empfunden, aber es wird in dem Zusammenhang selten so abfällig geredet wie über die ,zickigen' Mädchen. Die an den Mädchen geäußerte Kritik wurde von uns oft als eine Abwertung der Person empfunden. Die Kritik an den Jungen erschien uns mehr verständnisvoll für deren Probleme" (Wolf/Wrage/Schulze-Thiemig 1990: 64).

Keine der befragten Erzieherinnen stellte von sich aus (gefragt wurde nicht danach) einen Zusammenhang zwischen den bevorzugten Konfliktformen von Mädchen und Jungen und ihrer unterschiedlichen Geschlechtersozialisation her. Wenn es stimmt, daß Jungen eher auf Sachbezogenheit, Mädchen hingegen eher auf Personenbezogenheit hin erzogen werden, dürften für Mädchen ihre persönlichen Beziehungen zu anderen (und eben auch zu anderen Mädchen) wichtiger (und Konflikte vielleicht manchmal verdeckter) sein als für Jungen. Zumal es für Mädchen wichtig zu sein scheint, daß zumindest nach außen die Gleichrangigkeit zwischen ihnen nicht verletzt wird (s. Tannen 1991). Jungen dagegen geht es tendenziell eher um genügend Kameraden für eine gemeinsame Aktivität. Die „offene Konfliktaustragung", die Erzieherinnen öfter lobend erwähnen, gelingt ihnen vielleicht auch deshalb besser, weil Jungen eher offen an Hierarchien orientiert sind und somit auch „das Recht des Stärkeren" akzeptieren.
Offen bleibt bei der Sicht der von uns befragten Erzieherinnen auf die Konflikte innerhalb der Geschlechter, wie weit ihre Sichtweise durch Geschlechterklischees geprägt ist, die Jungen von vornherein mehr Geradlinigkeit und offene Konfliktaustragung, Mädchen hingegen eher intrigantes, unoffenes und nachtragendes Verhalten unterstellen. In der Betrachtung der Konflikte zwischen den Geschlechtern bemerken die Erzieherinnen zwar durchaus, daß Jungen auch aus Langeweile Mädchen stören oder körperlich bedrängen, gleichzeitig unterstellen einige von ihnen, daß Mädchen diesen Angriffen immer auch einen Anlaß lieferten. Einige Mädchen werden von ihnen zwar als wehrhaft oder machtbewußt geschildert – aber wiederum nur als Ausnahme dargestellt.
Die Erzieherinnen kritisieren, daß in Konfliktfällen Mädchen häufiger als Jungen zu ihnen kommen. „Die suchen einen starken Arm, Mädchen petzen mehr." Nur eine Erzieherin berichtet aus ihrer Gruppe, daß Mädchen und

Jungen gleichermaßen „petzen". Hierzu schreiben J. Wolf, G. Wrage und S. Thiemig-Schulze (1970: 70):

„Diese Aussage (daß Mädchen öfter petzen) haben wir durch unsere Beobachtungen nicht in dem Maße bestätigt gefunden, wie sie uns mehrfach von Erzieherinnen gewichtet erschien. Diese Einschätzung der Mädchen kann durch das Wahrnehmungsverhalten der Erzieherinnen begründet sein, wenn zum Beispiel bei Mädchen viel eher auffällt, daß sie petzen. Bei Jungen wird dies weniger beachtet, selbst, wenn sie es genauso oft tun wie die Mädchen."

Eine Erzieherin sieht auch einen Zusammenhang zwischen ihrer eigenen Abneigung gegen Schlägereien und der Tendenz der Mädchen ihrer Gruppe, öfter Hilfe zu holen, und bestärkt sie auch darin. Eine andere hat die Mädchen explizit aufgefordert, Hilfe zu holen, wenn der angreifende Junge körperlich überlegen ist.

Der Wunsch der Erzieherinnen nach einem klaren Konfliktverhalten der Mädchen und nach mehr Selbständigkeit in Auseinandersetzungen ist verständlich. Doch übersehen die Erzieherinnen dabei die Geschlechterhierarchie in den Konflikten zwischen Mädchen und Jungen. Von klein auf lernen Mädchen und Jungen, Konflikte nach diesem in unserer Kultur üblichen Grundmuster zu „lösen": Von Männern wird immer noch erwartet, daß sie in Konfliktsituationen eher dominant und von Frauen, daß sie eher nachgiebig sein sollen (s. Hartwig 1994: 17). Die wenigsten Mädchen haben, bevor sie in den Hort kommen, gelernt, sich erfolgreich gegen Jungen zu wehren und bräuchten zur Unterstützung zunächst die Hilfe der Erzieherin. Wie die Interviews mit den Kindern zeigen, sind die Formen der Konfliktaustragung, auf die Mädchen und Jungen zurückgreifen, in hohem Maß von unterschiedlichen Sozialisationserfahrungen geprägt.

Aus den Interviews mit den Erzieherinnen werden kaum Anhaltspunkte erkennbar, ob und wie sie Mädchen darin unterstützen, in Konflikten mit Jungen erfolgreiche Taktiken und Strategien der Gegenwehr zu entwickeln. Keine Erzieherin äußert, daß es ihr ein Anliegen sei, Jungen in ihre Grenzen zu weisen, wenn sie grundlos Mädchen ärgern.

Wenn die Erzieherinnen tendenziell Verständnis für das Bedürfnis der Jungen haben, Konflikte und Aggressionen körperlich auszuagieren, und wenn sie das offene Hierarchieverhalten von Jungen loben, so beachten sie dabei zuwenig, daß dies oftmals auf Kosten von Mädchen und schwächeren Jungen geht. Sie übersehen dabei auch, daß Jungen bisweilen Unsicherheiten, Fehler oder Schwächen hinter einer Pseudo-Überlegenheit verstecken.

Die befragten Erzieherinnen ziehen insgesamt eher individuelle Unterschiede oder das Alter, nicht aber das Geschlecht als Erklärung für Machtgefälle in Konflikten heran. Bei diesen individualistischen Erklärungsmustern entsteht natürlich wenig Handlungsbedarf und wenig Druck, eigene Einstellungen zur Geschlechterfrage zu überprüfen und sich mit männlicher Gewalt als „ultima ratio" zur Aufrechterhaltung des strukturellen wie individuellen Machtgefälles zwischen den Geschlechtern auseinanderzusetzen (s. Smaus 1994: 83 ff).

7. Zukunftsvorstellungen von Mädchen und Jungen

Ein Fragenkomplex unserer Untersuchung bezieht sich nicht auf das Verhalten im Hort, sondern hat die Vorstellungen der Kinder zu Beruf und Familie hinsichtlich ihrer persönlichen Zukunft zum Gegenstand. Hintergrund unseres Interesses an dieser Fragestellung: Auf der einen Seite können heutzutage Frauen und Männer zwischen verschiedenen gesellschaftlich akzeptierten Lebensformen wählen. Es werden „neue Väter" und eine partnerschaftlichere Verteilung der familiären Aufgaben proklamiert und – vor allem von den Frauen – gefordert.

Für die meisten Frauen ist eine Berufsausbildung und die anschließende Berufsausübung eine Selbstverständlichkeit, in immer mehr Familien ist die Berufstätigkeit beider Partner zudem eine finanzielle Notwendigkeit. Auf der anderen Seite ist das Stellenangebot für Frauen immer noch weitaus enger als das für Männer. Frauen stehen faktisch nach wie vor nur wenige Berufsgruppen offen. Die meisten dieser Berufe sind, was Prestige, Einkommen und Aufstiegschancen betrifft, schlechter gestellt als die von Männern bevorzugten.

Trotz Berufstätigkeit ihrer Partnerinnen übernimmt nach wie vor nur eine Minderheit der Männer die Hälfte der häuslichen Pflichten von Haushalt und Kinderversorgung (s. Sass 1994: 6f).

Uns interessierte, in welcher Weise sich diese Entwicklungen in den Zukunftsvorstellungen von Mädchen und Jungen zu Beruf und Familie widerspiegeln. Ist die nächste Generation vielleicht schon einen Schritt weiter auf dem Weg zu einem partnerschaftlichen Miteinander?

Im folgenden werden wir zunächst die Berufswünsche von Mädchen und Jungen vorstellen, anschließend ihre Ideen zu Arbeitsteilung und Familie. (Die Erzieherinnen wurden zu diesem Themenkomplex nicht befragt.)

7.1. DACHDECKERIN ODER PRINZESSIN – POLIZIST ODER TIEFSEETAUCHER: BERUFSWÜNSCHE

Berufswünsche von Mädchen

Die zu diesem Thema befragten 56 Mädchen nennen 76 verschiedene Berufe. Die von Mädchen genannten Wunsch-Berufe ergeben folgende „Hitliste":

94

1. Medizinisch-pflegerische (Hilfs-)Berufe: 18× (z. B. Ärztin, Krankenschwester, Sanitäterin, Kosmetikerin, Zahnarzthelferin, Apothekenhelferin)
2. Sportliche („Traum"-)Berufe mit Schwerpunkt auf anmutiger Erscheinung: 14× (z. B. Seiltänzerin, Eiskunstläuferin, Artistin, einmal aber auch „Fußballweltmeisterin")
3. Bildungs- und Erziehungsberufe: 12× (Lehrerin, Klavier- und Reitlehrerin, Erzieherin)
4. Künstlerische „Traum"-Berufe: 9× (z. B. Sängerin, Zauberin, Model, Clown, Pianistin, Schauspielerin, Stewardeß, einmal auch Prinzessin)
5. Für Mädchen bisher noch ungewöhnliche Berufe: 8× (z. B. Polizistin, Notarztwagenfahrerin, Dachdeckerin und Telefontechnikerin)
6. Berufe in Büro, Bank und Verkauf: 6× (z. B. Bankkauffrau, Sekretärin, Verkäuferin, Kassiererin)
7. Sonstiges: 5× (Köchin, Mutter, einmal Anwältin)

Soweit Mädchen also nicht Traumberufe nennen, bei denen sie im Mittelpunkt der Bewunderung stehen, beziehen sich ihre Berufswünsche häufig auf relativ niedrige Positionen, die eher Einordnung und Zuarbeit als Ausübung von Macht und Autorität verlangen. Auch sind sie stark auf andere, lebendige Wesen, Menschen und Tiere ausgerichtet – weniger auf Geld, Prestige oder Technik. Immerhin sechs Mädchen nennen mit Polizistin und Notarztwagenfahrerin Berufe, die sowohl den Wunsch nach Helfenwollen, als auch den nach eigener Wehrhaftigkeit und nach Abenteuer zu erfüllen versprechen.

Die zwei Mädchen, die einen technischen Männerberuf – Dachdeckerin und Telefontechnikerin – ergreifen wollen, orientieren sich dabei an ihren Vätern. Für die eine ist das Geld, das sie als Telefontechnikerin verdienen könnte, ausschlaggebend. Die andere schränkt ihren Berufswunsch gleich wieder ein, indem sie laut nachdenkt, Dachdecker sei für Mädchen wohl nicht so geeignet, weshalb sie sich auch schon überlegt hätte, Krankenschwester oder Tierärztin zu werden.

Berufswünsche von Jungen

Die 66 hierzu befragten Jungen nennen 97 Berufswünsche. Ihre Nennungen ergeben folgende „Hitliste":
1. Polizist und Soldat: 23× (20× bzw. 3×)
2. Profisportler: 15× (neben Fußballprofi auch Catcher, Karatemeister, Skateboardfahrer, Stuntman und Profischlittschuhläufer)
3. Handwerksberufe: 12× (z. B. Maurer, KFZ-Mechaniker, Bäcker)

4. medizinisch-pflegerische Berufe: 12× (überwiegend Arzt, je einmal Tierpfleger und Zahnarzthelfer)
5. Künstler: 10× (z. B. Sänger, Musiker, Zauberer)
6. Flugtechnische Berufe: 8× (Astronaut, Pilot)
7. Kaufmännische Berufe: 5× (Bankkaufmann, Reisekaufmann, Händler)
8. Sonstiges: 12× (Hierbei handelt es sich um Ein- oder Zweifachnennungen wie „ein starker Mann", Feuerwehrmann, Anwalt, Lehrer, Tiefseetaucher, Indianer, Millionär, Bus-, Taxi- oder Krankenwagenfahrer, Psychologe oder Putzmann.)

Bei den Jungen stehen in der Mehrzahl solche Berufe im Vordergrund, die sie assoziieren mit Abenteuer, körperlicher Stärke, Wehrhaftigkeit, Geschicklichkeit, zum Teil mit Helfenwollen, aber auch mit viel Geld und Prestige – „Ich will Psychologe werden wie mein Vater, der verdient damit viel Geld" (Kevin, 9 J.).
Der Erziehungs- und Bildungsbereich, in dem männliche Vorbilder für Jungen so sehr fehlen, wird nur durch zwei Lehrer vertreten. (Bei einem der beiden Jungen ist der Vater, der Lehrer ist, das Vorbild.)

Übereinstimmungen in den Berufswünschen
von Mädchen und Jungen

Es gibt zwölf übereinstimmende Nennungen in den Berufswünschen von Mädchen und Jungen. Betrachtet man diese genauer, so stellt man fest, daß bei den von Mädchen und Jungen gleichermaßen gewünschten Berufen eher die Mädchen in Berufsfelder vordringen wollen, die bisher fast ausschließlich männliches Terrain waren: Polizistin, Notarztwagenfahrerin, Fußballweltmeisterin. Mädchen sehen sich auch in Berufen, die schon seit einiger Zeit beiden Geschlechtern offenstehen.
Die Jungen dagegen sind an typisch weiblichen Berufen so gut wie gar nicht interessiert: Lediglich in zwei Fällen werden Zahnarzthelfer und Putzmann genannt, zwei weitere Jungen möchten Lehrer werden.
Unsere Ergebnisse stimmen recht gut überein mit den Ergebnissen einer in Flensburg durchgeführten Studie (Schimmel/Glumpler 1992), in der fast 400 Mädchen und Jungen aus vierten Grundschulklassen einen Aufsatz zu ihren Wunschberufen schrieben. Auch hier zeigten die Mädchen in ihren Berufswünschen mehr Interesse an helfenden und pflegenden Berufen, stärkere Bezogenheit auf Menschen und Tiere und weniger Orientierung der Berufswahl an Status, Verdienst, Abenteuer und Abwechslung als die Jungen (s. Schimmel/Glumpler 1992: 285).

Die gemeinsamen Nennungen von Mädchen und Jungen gehen in der Untersuchung aus Flensburg ebenfalls eher auf das Konto der Mädchen, die nicht nur Lehrerin oder Ärztin, sondern auch Polizistin werden wollen, während kein Junge in der vierten Klasse Friseur, Erzieher oder Krankenpfleger werden will. Die Autorinnen kommen zu dem interessanten Ergebnis: „Das Spektrum der Berufswünsche von Mädchen im Grundschulalter ist wesentlich breiter, als es die spätere Berufswahl vermuten läßt" (a. a. O.: 291).

Inzwischen gibt es ja genügend Hinweise darauf, daß Mädchen „typische Frauenberufe" meistens keineswegs aus einer großen Zahl von realistischen Alternativen wählen können, sondern bei prestigeträchtigeren Berufspositionen Jungen vorgezogen werden. Bedenkt man nun, daß sich die „geschlechtsspezifischen Orientierungsdifferenzen … mit zunehmendem Alter verstärken" (a. a. O.: 291), so ergibt sich daraus durchaus Handlungsbedarf im Grundschulalter.

Denn die von Jungen genannten Berufswünsche machen ja deutlich, daß Jungen auch in der nächsten Generation wieder höhere Berufspositionen anstreben als Mädchen, daß sie ihre „kämpferische Männlichkeit" möglichst auch im Beruf verwirklichen wollen, und daß sie für erzieherische und pflegerische Berufe auch weiterhin wenig Interesse haben. Hinterfragt niemand diese Fixierung auf typische Männerberufe, so werden auch die Kinder der nächsten Generation wieder auf männliche Erzieher und Grundschullehrer verzichten müssen.

Es gibt dagegen sehr viel mehr Mädchen, die einen für ihr Geschlecht untypischen Beruf nennen. Aber werden sie bei der Umsetzung ihres Wunsches von Eltern, Lehrerinnen und Erzieherinnen genügend unterstützt? Oder werden sie dann doch wieder „Kassiererin bei Penny, wie meine Mutter" (Janine, 7 J.) statt Bankkauffrau mit Aussicht auf Übernahme der Filialleitung?

Wird das Mädchen, das gerne „Tierweltärztin" werden will, ihre Weltreise zur Rettung der Tiere unternehmen können, während sich ihr Ehemann um die Kinder kümmert, oder wird sie froh sein müssen, wenigstens Arzthelferin zu werden?

Um ihr „relativ breites Berufsorientierungsspektrum … über die Pubertät hinaus zu erhalten" (Schimmel/Glumpler 1992: 291) müßten Mädchen in ihren Berufswünschen von Eltern, Lehrerinnen und eben auch Erzieherinnen ernstgenommen werden, und so früh wie möglich „zur selbstbewußten Vertretung eigener Interessen im Rahmen späterer Berufswahl" ermutigt werden (a. a. O.: 291).

Den zuständigen Erwachsenen müßte es zudem gelingen, „das Interesse der … Jungen an bislang vorwiegend weiblich assoziierten Berufsfeldern zu wecken", indem sie „der gesellschaftlichen Abqualifizierung" dieser Berufsfelder entgegenwirken. Helfen und Pflegen müßte ebenso wie Haushaltsführung und Textilarbeit zum „gleichberechtigten Bestandteil der Erziehung von Mädchen und Jungen" gemacht werden (a. a. O.: 292).

7.2. Auch in Zukunft: alles beim Alten?
Zur Arbeitsteilung in Familie und Beruf

Die familiären Zukunftsperspektiven der Mädchen sind insgesamt stärker von negativen Einschätzungen der eigenen Rolle als Frau und Mutter in der Familie bestimmt als die der Jungen von ihrer Rolle als Mann und Vater. Alle Jungen, aber längst nicht alle Mädchen wollen Kinder. 15 Mädchen geben an, keine Kinder zu wollen. Die Angaben der Jungen zur Zahl der gewünschten Kinder ist weniger realistisch als bei den Mädchen. Dies zeigt sich zum einen darin, daß nur zwei Mädchen, aber fünf Jungen völlig unrealistische Zahlen (zwischen zehn und 100.000) angeben. Zum anderen liegt die gewünschte Kinderzahl bei den meisten Mädchen zwischen gar keinem und drei Kindern, hingegen wollen die meisten Jungen mehrere Kinder haben.

Im Zusammenhang mit dem Kinderwunsch erwähnt nur ein Junge von sich aus, daß Kinder auch Arbeit machen. Die anderen sehen eher die finanziellen Belastungen als Begrenzungsfaktor für die Kinderzahl. Die Mädchen beziehen weitaus häufiger die Belastungen durch die Betreuungsarbeit in ihre Überlegungen mit ein. Die 15 Mädchen, die keine Kinder haben wollen, begründen dies vor allem mit dem Streß und der Arbeit mit Kindern: „Ich will keine Familie haben, weil, wenn ich Fußballweltmeisterin werde, dann habe ich gar keine Zeit für eine Familie. Und außerdem tut das so weh, wenn man ein Baby kriegt, das find' ich so blöd" (Christel, 8 J.). „Und wenn ich ein Baby kriege, dann muß ich es bedienen und anziehen, und das find ich nicht so toll. Und wenn es pieselt, dann muß man es wickeln, und ich habe dann keine Zeit, wenn ich in die Arbeit muß zur Polizei" (Sarah, 9 J.). „Immer wenn man Ruhe haben will, dann fängt das Baby an zu schreien" (Patricia, 10 J.).

Wir befragten die Kinder auch nach dem gewünschten Geschlecht der Kinder. Die Jungen sagen etwas häufiger, das Geschlecht sei ihnen egal, ansonsten überwiegen bei den Mädchen die Wünsche nach Mädchen, bei den Jungen die nach Jungen.

Die unterschiedlichen Einschätzungen ihrer zukünftigen Rolle in einer möglichen Familie wirkt sich auch auf die Einstellungen von Mädchen und Jungen zur Partnerschaft aus: 16 Mädchen wollen keinen Mann, wobei ein Teil der Mädchen weder Mann noch Kinder möchte. Regina (9 J.) und Ricarda

(8 J.) erklären dazu: „Dann stören sie mich nicht." Fünf wollen ihre Kinder ohne Mann, mit Hilfe anderer Frauen erziehen. Ein Mädchen meint: „Ich heirate überhaupt nicht, das ist voll blöd" und will lediglich „einen Bekannten" haben (Caroline, 8 J.). Aja (10 J.) möchte ebenfalls lieber nicht heiraten, da sie befürchtet, ihr Ehemann könnte ihr, wie aktuell ihr Vater, Haustiere verbieten. Auch Gülnaz (6 J.) möchte nur „eine kleine Katze" und keinen Mann.

Einige spontane Äußerungen lassen vermuten, daß Mädchen ihre häufig negativen Erfahrungen mit gleichaltrigen Jungen in die Zukunft projizieren und deshalb zu der Meinung kommen, ohne Partner leben zu wollen. Vielleicht identifizieren sich einige auch mit ihren alleinerziehenden Müttern.

Dagegen will nur ein Junge seine Kinder allein aufziehen: „Ich heirate, nehme die Babies und ziehe weg, daß meine Frau alleine wohnen kann" (Paulo, 8 J.). Er äußert sich nicht weiter dazu, wie er Erwerbsarbeit und Kinderbetreuung „unter einen Hut bringen" will. Nur zwei der Jungen wollen ganz allein leben, zwei weitere nicht heiraten, sondern nur eine Freundin haben, was wohl zum Teil mit Erfahrungen in der eigenen Familie zusammenhängt. So sagt ein Junge: „Ich will nur eine Freundin haben, heiraten macht keinen Spaß. Weil, wenn ich dann in die Wirtschaft gehen will, dann sagt sie, nein, das, darfst du nicht" (Bert, 9 J.). Ein anderer: „Ich will nur eine Freundin haben, … meine Mutter und mein Vater haben sich jetzt getrennt, die wollen sich jetzt scheiden lassen und das dauert schon so lange – zwei Jahre, und die haben sich immer noch nicht geschieden" (Sebastian, 8 J.).

Fast alle Jungen und drei Viertel der befragten Mädchen wollen aber eine Familie haben. Wie stellen sich Mädchen und Jungen in diesem Fall die Aufgabenverteilung zwischen den Ehepartnern vor? Dazu liegen uns Aussagen von 45 Mädchen und 59 Jungen vor.

„Ich würde arbeiten gehen, und meine Frau soll die Kinder versorgen"
Die klassische Rollenverteilung

Die klassische Aufgabentrennung, in der der Vater allein das Geld verdient und die Mutter allein Haushalt und Kinder versorgt, wird von den Jungen sehr viel häufiger gewünscht als von den Mädchen. 26 Jungen vertreten diese Variante, aber nur acht Mädchen. Typische Antworten der Jungen hierzu sind: „Natürlich bleibt meine Frau zu Hause, ich muß auf Arbeit" (Mustafa, 8 J.). Oder: „Weil die Mütter es immer so machen" (Niklas, 9 J.).

Die Erfahrung aus der eigenen Familie spielt für ihre Präferenz offenbar ebenso eine Rolle wie das traditionelle Bild von Familie, auch wenn sie selbst gar nicht so erlebt wird: Manche der Jungen, die wünschen, daß ihre

Frauen später mal zu Hause sind, haben Mütter, die ganztags arbeiten. Aber die empfinden sie als Ausnahmen, denn: „Unsere Eltern sind ja geschieden" (Olaf, 10 J.). Nicht wenige Jungen wollen mit der Kinderversorgung deshalb nichts zu tun haben, weil sie finden, daß „Babies stinken", und: „Windeln wechseln ist eklig. Man muß die Kotze wegwischen und das Baby schreit die ganze Nacht" (Ralf, 10 J.). Sven (9 J.) lehnt die Kinderversorgung ab, „weil ich zu faul bin", und Ferdo (7 J.) meint: „Ich kenn' mich da nicht aus."

Von den Mädchen, die das traditionelle Modell befürworten, übernehmen offensichtlich manche unhinterfragt die klassische Aufteilung, andere begründen sie damit, daß sie Kinder lieben oder meinen, daß sie Haushalt und Kinder besser machen würden als der Mann. Eine sagt: „Am liebsten würde ich nie arbeiten gehen, aber ich muß, sonst kriege ich ja kein Geld" (Rosi, 7 J.).

Da den meisten Mädchen die klassische Rollenteilung keineswegs so selbstverständlich ist wie den Jungen, könnten sich später hieran durchaus Konflikte entzünden.

Die etwas modernere Variante:
Mutter hauptverantwortlich für die Kinder, Vater Hauptverdiener

16 Mädchen und 15 Jungen sprechen sich für dieses Modell der Aufgabenverteilung aus. „Wenn die Kinder dann größer sind, dann kann sie ja wieder arbeiten gehen, wenn sie will", ergänzen einige großzügig (s. auch Schimmel/Glumpler 1992: 290 f). Einige Jungen führen biologische Gründe für die Hauptverantwortung der Mutter für die Kindererziehung an, z. B. die Abhängigkeit des Babys von der Muttermilch, manche meinen auch, daß Mädchen

100

„von Natur aus" besser Kinder pflegen und erziehen könnten. So meint Jannis (9 J.): „Ich könnte das nicht so gut. Ich brauche meine Freiheit und meinen Sport… Mädchen brauchen das nicht so." Mädchen hingegen ziehen „Die Natur" so gut wie gar nicht als Erklärung heran. Manche Mädchen meinen zunächst, daß sie weiterarbeiten wollten, kommen dann aber zu dem Schluß, daß es wohl besser sei, wenn sie zu Hause blieben, solange die Kinder noch klein sind. Sie wollen trotz ihres Interesses an der Berufsarbeit die Kinder nicht allein zu Hause lassen bzw. in fremde Hände geben.

Bereits im Grundschulalter sehen Mädchen ihre spätere Doppelzuständigkeit für Beruf und Familie als Selbstverständlichkeit an, die Jungen hingegen sehen lediglich ihre Zuständigkeit für den Beruf. Die Mädchen machen sich auch konkrete Gedanken darüber, wer die Kinderbetreuung übernehmen soll, wenn sie wieder berufstätig sind. Während Jungen vor allem Kinderkrippe, -garten, Horte und Großeltern einfallen, nennen die Mädchen zusätzlich noch die eigene Mutter, Babysitter, Kinderschwester, Tagesmutter, Diener und Nachbarin. Mädchen wie Jungen greifen in ihrer Vorstellung vor allem auf die Unterstützung anderer Frauen zurück. Nur ein Mädchen schlägt vor, daß ihr Opa auf das Kind aufpassen könnte.

Ein Junge stellt sich vor, daß seine Frau voll berufstätig sein kann und gleichzeitig allein die Kinder versorgt: „Also, am Tag soll sie aufs Kind aufpassen und nachts soll sie arbeiten gehen." Auf die Frage, wann seine Frau denn schläft, schlägt er vor: „Um vier Uhr morgens. Die kann ja den ganzen Tag mit den Kindern durchschlafen" (Sebastian, 8 J.).

Die wenigsten Kinder beziehen die Väter in die Versorgung mit ein. Drei Jungen sehen sich als die klassischen Freizeitväter, die nach der Arbeit oder am Wochenende oder in den Ferien etwas mit ihren Kindern machen könnten. Diese Rolle wird ihnen auch von zwei Mädchen zugedacht: „Wenn mein Mann dann samstags frei hat, dann kann ich zu ihm sagen: ‚Geh' mal mit dem Kind raus', und er geht dann auf den Spielplatz oder ins Schwimmbad mit dem Kind" (Eva, 9 J.).

Beide sind berufstätig
Wer macht die Haus- und Familienarbeit?

Je zehn weitere Mädchen und Jungen stellen sich vor, daß beide Ehepartner ganztags berufstätig sind. (Diese Zahl erschien uns sehr wenig vor dem Hintergrund, daß vielen Hortkindern die Berufstätigkeit beider Elternteile bekannt ist.) Die Kinder werden in den Vorstellungen der Mädchen und Jungen in der Zeit ihrer berufsbedingten Abwesenheit von den Großeltern, der Kindertagesstätte oder von jemand anderem betreut. Diese Aufgabenverteilung kennen sie häufig von zu Hause. Ob die Familienarbeit gerecht geteilt wird, wenn beide Eltern nach der Arbeit zu Hause sind, bleibt fraglich, da Jungen sich hier höchstens auf Nachfrage als „auch zuständig" für die Kinder erklären.

Partnerschaftliche Arbeitsteilung
Perspektive einer Minderheit

Nur eine Minderheit der befragten Mädchen und Jungen äußert Vorstellungen, in denen Familien- und Berufsarbeit partnerschaftlich aufgeteilt werden. Vier Jungen und vier Mädchen erläutern uns dazu verschiedene Modelle: Einen Tag arbeitet sie, den anderen er. Oder: Sie arbeitet bis nachmittags im Reisebüro, und er verdient dann ab nachmittags Geld als Kellner. Ein Junge will das Kind regelmäßig vom Hort abholen. Ein Mädchen meint, beide Elternteile sollten die Kinder versorgen: „Das kommt drauf an, wer mehr Zeit hat" (Rita, 9 J.).

Zwei Mädchen, die mit Kind gerne berufstätig sein möchten, meinen, daß sie „vielleicht auch den Papa" für die Kinderbetreuung einspannen können. Eine Neunjährige, die gerne „Tierweltärztin" werden würde, um auf der ganzen Welt den Tieren zu helfen, gleichzeitig aber auch drei Kinder haben möchte, meint, die Kinder könnten während ihrer Reisen bei Papa oder Oma bleiben, ansonsten sollte der Papa arbeiten.

Rollentausch

Sieben Jungen und fünf Mädchen vertreten diese Idee. Bei sechs dieser Jungen fällt auf, daß sie sich zu Hause den leichteren Job versprechen oder etwas unrealistische Vorstellungen haben. Einer will zum Beispiel den ganzen Tag Videospiele machen und die Babies sollen dabei mitspielen. Er erwähnt mit keinem Wort, daß er seine Kinder auch füttern und wickeln würde. Zwei Jungen wollen dieselbe Frau heiraten. Diese soll dann hauptsächlich mit einem von ihnen arbeiten gehen, während der andere die 27 Kinder versorgt. Von den Mädchen, die den Rollentausch wollen, meinen zwei: „Der Papa paßt besser auf." Zwei andere haben Gefallen an der Vorstellung, daß Männer endlich auch etwas zu Hause tun müßten. Eine weitere möchte deshalb nicht bei den Kindern bleiben, „weil ich Buben hasse" (Nina, 7 J.).

Alleinerziehende

Sechs Mädchen wollen später ihre Kinder ohne Mann erziehen. Sie gehen davon aus, daß sie vielleicht zu Hause bleiben können, solange die Kinder klein sind, daß ihre Mutter sie versorgt, oder daß sie sie in den Kindergarten bringen, wenn sie arbeiten gehen. Nur ein Junge favorisiert dieses Modell. Alleinerziehen ist offenbar kein angestrebtes Zukunftsmodell, obwohl (oder gerade weil?) Kinder, die in Horte gehen, häufig in dieser Familiensituation leben. (Etwa die Hälfte der von uns befragten Kinder lebt in einer Einelternfamilie.)

Insgesamt sind auf Gleichberechtigung ausgerichtete Vorstellungen zur Aufteilung von Famlien- und Erwerbsarbeit bei Mädchen und Jungen deutlich in der Minderzahl.

Jungen hängen viel häufiger einer traditionellen Rollentrennung an als Mädchen, die sich zudem konkretere Gedanken über eine Vereinbarkeit von Familie und Beruf machen als die Jungen. Im Gegensatz zu Jungen erwähnen Mädchen auch öfters das Alleinleben mit Kindern.

Unsere Ergebnisse gehen in eine ähnliche Richtung wie die aus zwei Untersuchungen mit älteren Kindern und Jugendlichen. Elke Nyssens Befragung von 55 HauptschülerInnen und ca. 400 Gesamtschülern der Klassen 5 bis 10 ergab ebenfalls: „In den Beziehungen erwartet die Mehrheit der Jungen von ihren Partnerinnen Reproduktionsarbeiten" (Nyssen 1993: 31). Ulrike Popp (1994), die „Geschlechterverhältnisse aus der Sicht deutscher und türkischer Mädchen und Jungen" untersuchte, stellt nach ihrer Befragung von 700 Jugendlichen zwischen 13 und 18 Jahren fest: „Türkische und deutsche Jungen sind von der Rolle des Mannes als berufstätiger Versorger der Familie und von der Rolle der Frau als Kindererzieherin und Hausfrau überzeugter als deutsche und türkische Mädchen." (a. a. O.: 64)

Ulrike Popp fand insgesamt, daß sich der Geschlechtsunterschied als bedeutsamer erweist als der Unterschied zwischen den Kulturen. Jungen beider Kulturen, so Popp, sehen ihre Rolle bei der Haus- und Familienarbeit „im zeitlich und räumlich begrenzten ‚Helfen' ..., das eine wirkliche Verantwortung für diesen Lebensbereich ausschließt... Die meisten Jungen vermuten, daß die Frau mit der Geburt des ersten Kindes ihre berufliche Tätigkeit einschränkt... Für Familienarbeiten die eigene Erwerbstätigkeit zu reduzieren oder auf Karrieremöglichkeiten zu verzichten, ist in den Lebensentwürfen der Jungen nicht vorgesehen" (Popp 1994:. 66).

Angesichts ihrer Ergebnisse kommt sie zu dem Schluß: „Gerade in den Bereichen der zukünftigen Partnerschaft, Familie, Hausarbeit, Berufstätigkeit und Karriere zielen die Lebensentwürfe der Geschlechter aneinander vorbei" (a. a. O.: 64 f.).

Wir können also nicht hoffen, daß sich die Zukunftsvorstellungen von Mädchen und Jungen mit zunehmendem Alter von selbst annähern – im Gegenteil.

Doch nicht nur wegen der dadurch zu erwartenden Konflikte in den späteren Partnerschaften stellt sich die Frage, ob nicht auch der Hort wesentlich mehr als bisher dazu beitragen kann, mit Mädchen und vor allem mit Jungen erweiterte Rollenvorstellungen zu entwickeln. Denn die klassische Rolle des Familienernährers ist erstens gesellschaftlich überholt; zweitens kann die zunehmende Arbeitslosigkeit Männer ebenso treffen wie Frauen; drittens verlangen die steigenden Lebenshaltungskosten zunehmend die Erwerbstätigkeit beider Partner, und schließlich gäbe es zukünftig vielleicht weniger Konflikte in Partnerschaften und damit auch weniger Einelternfamilien, wenn sich auch Jungen an der Hausarbeit bzw. an der Kinderbetreuung beteiligen würden, anstatt zu sagen: „Ich bin zu faul" oder „ich verstehe davon nichts".

Teil III
Emanzipatorische Arbeit in Horten: Nötig und möglich!?

Hanna Permien

8. Rahmenbedingungen und Formen –
Enge Grenzen erweitern

8.1. Emanzipatorische Arbeit
Geht das im Hort überhaupt?

Unsere Ergebnisse haben sicher deutlich gemacht, daß es durchaus Jungen und vor allem Mädchen gibt, die in ihrem Verhalten über traditionelle Geschlechtergrenzen hinausgehen, daß die meisten aber doch eher traditionell orientiert sind und auch das Machtgefälle zwischen den Geschlechtern übernehmen – mit allen im zweiten Kapitel aufgezeigten Nachteilen. Statt aber nun alles beim alten zu lassen und Mädchen wie Jungen dazu zu bringen, sich in den bestehenden Ungleichheitsverhältnissen einzurichten, schlagen wir vor, auch und gerade in Horten diesen Verhältnissen – stärker, als das bisher geschieht – Alternativen entgegenzusetzen.

Einige der befragten Erzieherinnen hatten allerdings Zweifel, ob denn Horterziehung überhaupt etwas ausrichten kann gegen die auf traditionelle Verhältnisse fixierten und fixierenden Einflüsse aus Medien, Schule und vor allem aus der Herkunftsfamilie.

Natürlich wird der Hort keine Wunder vollbringen, Horterzieherinnen brauchen ihre Einflußmöglichkeiten aber auch nicht zu unterschätzen: Wie schon im zweiten Kapitel angedeutet, sind Horte ein zunehmend wichtiger Lebensraum für Kinder und oft der einzige Ort, wo sie außerhalb der Schule und ihrer Zwänge mit einer größeren Zahl von anderen Mädchen und Jungen zusammenkommen und soziales Verhalten unter Gleichaltrigen in den verschiedensten Situationen einüben können. Die Förderung des Sozialverhaltens ist im übrigen das wichtigste pädagogische Ziel der befragten Erzieherinnen – das sich auch auf das Geschlechterverhältnis beziehen sollte. Für eine emanzipatorische Arbeit bestehen im Hortalter zudem gute Chancen, sind Kinder doch in dieser Phase zunehmend interessiert daran, über ihre Familie hinaus neue Lebensformen und -normen kennenzulernen, um daraus ihre eigenen Wertmaßstäbe und Verhaltensformen zu entwickeln (s. Krappmann 1984). Und das, was Kinder im Hort durch persönliche Kontakte erfahren und selbst erfolgreich ausprobieren, zählt vermutlich mehr als die unpersönlichen und unrealistischen Botschaften aus den Medien. Es ist also sicher nicht vergeblich, Mädchen und Jungen Alternativen für die eigene (spätere) Lebensgestaltung an die Hand zu geben. So sah eine Erzieherin ihre diesbezügliche Arbeit als „Samenkörner, die Zeit brauchen, um aufzugehen

– und manche werden wohl auch nicht aufgehen". Wenn Jungen, so meint ihre Kollegin, sich im Hort konsequent an Hausarbeiten beteiligen (müssen), so erwerben sie immerhin entsprechende Kompetenzen. Mädchen lernen dabei, daß diesbezügliche Forderungen an Jungen durchaus durchzusetzen sind, auch wenn Jungen (und Väter!) zu Hause kaum helfen. Nicht Resignation ist also angesagt, sondern vielmehr, den Erziehungsauftrag des Hortes neben Schule und Familie selbstbewußt wahrzunehmen! Allerdings sind die Rahmenbedingungen für emanzipatorische Arbeit (und teilweise für pädagogische Arbeit überhaupt) in Horten nicht selten denkbar schlecht. Nicht nur in einigen der uns bekannten, sondern auch in vielen anderen Horten treffen oft mehrere einschränkende Faktoren – wie Mangel an Personal, Raum, geeignetem Material, aber auch an entsprechender Fachberatung, Supervision und Fortbildung – zusammen, wie uns Fachberaterinnen bestätigten. Hier können Erzieherinnen einerseits nur immer wieder möglichst laut und deutlich Verbesserungen fordern, andererseits versuchen, das Beste aus den vorgefundenen Bedingungen zu machen.

Wir können hier immerhin einige Hinweise geben, wie emanzipatorische Arbeit in Horten auch unter schlechten Bedingungen konkret aussehen kann und welche (Mindest-)Voraussetzungen dafür notwendig sind. Dabei beziehen wir uns auf eigene Beobachtungen und Interviews, auf Erfahrungen aus Fortbildungsveranstaltungen mit ErzieherInnen, sowie auf einschlägige Veröffentlichungen.

8.2. SITUATIONSANALYSE UND ZIELBESTIMMUNG – KLÄRUNG VON AUSGANGSBEDINGUNGEN UND ZIELEN

Wenn sich eine Erzieherin entschließt, auf mehr Gleichberechtigung, Gleichbewertung und Rollenerweiterung hinzuarbeiten, gibt es – so wissen wir aus Interviews – dafür meist konkrete Anlässe im eigenen Leben wie im Leben der Gruppe: Sei es, daß die Erzieherin Kontakt zu einer Frau hat, die Mädchenarbeit macht, sei es, daß sie in ihrer Familie genauso wie in der Hortgruppe darum kämpft, auch Jungen zur Hausarbeit zu bewegen, sei es, daß eine Welle sexueller Schimpfwörter in die Gruppe hineinschwappt.

Doch da emanzipatorisches Handeln häufig ein Schwimmen gegen den Strom bedeutet, ist es wichtig, zunächst die Situation im Hort und in der Gruppe zu analysieren, um die eigenen Kräfte gezielt einsetzen zu können. (Selbst-)Beobachtung und (Selbst-)Reflexion sind dabei gute Hilfen: (a) Wie gehen Mädchen und Jungen eigentlich miteinander um, wo kommt es zu Konflikten oder auch zu Benachteiligungen von Mädchen? Wo finde

ich den Umgang der Mädchen untereinander problematisch und wo den der Jungen?
(b) Wie geht es mir selbst dabei? Was genau stört mich am Verhalten der Kinder? Sind es z. B. abwertende Bemerkungen von Jungen über Mädchen oder deren unwirksame Reaktion darauf? Spüre ich dabei Ärger, eigene Verletztheit und Hilflosigkeit, die ich zu überspielen suche? Oder finde ich, daß Jungen eigentlich recht haben, weil Mädchen sich in vieler Hinsicht wirklich blöd anstellen? „Kann" ich allgemein besser mit Mädchen oder mit Jungen? Warum? Was haben meine Reaktionen mit meiner eigenen Geschichte als Frau zu tun: Welche Art von „Weiblichkeit" lebe ich selbst, welches Modell, vielleicht auch welche Reibungsfläche für ihre eigenen Vorstellungen gebe ich damit den Kindern?
(c) Wo möchte ich und wo kann ich in emanzipatorischem Sinne handeln? Wenn ich z. B. in Konflikte zwischen Mädchen und Jungen eingreife: Verstärke ich mit meiner Reaktion etwa noch das „Störungspotential" oder trage ich damit zu gleichberechtigter Verständigung bei?

Vielen dieser Fragen kann man allein, besser aber noch auf Fortbildungen oder zumindest gemeinsam mit Kolleginnen nachgehen (s. 10. Kapitel). Wichtig ist auf jeden Fall, sich ihnen zu stellen und sich dabei die eigenen Gefühle, verinnerlichten Normen und Reaktionsmuster erst einmal zuzugestehen. Denn das hilft, sich über die eigenen Stand- und Ausgangspunkte und die eigene Wirkung klarer zu werden, statt sich z. B. hinter einer „Gleichheitsideologie" zu verstecken.

Ist die eigene Position einigermaßen umrissen, gilt es, die eigenen Ziele möglichst konkret zu formulieren: Worauf will ich mich in meiner Arbeit zunächst konzentrieren, da ich ja nicht alles gleichzeitig machen kann? Wie kann ich diese Ziele unter den gegebenen Rahmenbedingungen angehen? Und schließlich: Welches Interesse könnten die Mädchen und Jungen selbst an der Veränderung gewohnter Geschlechterverhältnisse haben? Wir meinen, daß Veränderungsmöglichkeiten prinzipiell da liegen, wo
(a) das Interesse der Kinder an Selbstverwirklichung und „untypischen" Aktivitäten größer als das an Rollenkonformität ist;
(b) den Jungen die „Helden"-Rolle zu anstrengend wird und die gemeinsamen Interessen beider Geschlechter, z. B. an weniger Streit, Konkurrenz und Isolation stärker sind;
(c) die Mädchen selber Jungen bei Übergriffen gerne wirksam konfrontieren würden.

Um die Mädchen und Jungen nicht zu über-, aber auch nicht zu unterfordern, ist zu fragen: Wie weit können die einzelnen Mädchen und Jungen angesichts ihres familiären und kulturellen Hintergrunds auf diesem Weg mitgehen? So ist etwa abzuschätzen, wie weit ein islamisches Mädchen von Erfahrungen mit mehr Gleichberechtigung im Hort profitieren und wie weit ein türkischer Junge hier mitgehen kann, ohne daß sie in Zerreißproben mit ihren strenggläubigen Familien geraten. Es empfiehlt sich im übrigen, möglichst wenig mit dem moralischen Zeigefinger zu arbeiten, sondern Mädchen und Jungen in der Gruppe erleben zu lassen, daß ihre Verhaltensänderungen erfolgreich sind und in der Gruppe gut ankommen. Angesagt ist zudem das Anknüpfen an vorhandene Interessen und Stärken von Mädchen oder Jungen, um von da aus vernachlässigte Potentiale weiterzuentwickeln und z. B. Stärke mit Fürsorglichkeit zu verbinden.

Sicher ist dabei auch mit gelegentlicher Abwehr bei den Mädchen und Jungen selber, vielleicht auch bei Eltern und KollegInnen zu rechnen. Eine Portion Selbstbewußtsein und Flexibilität helfen, vor dieser Abwehr nicht zu kapitulieren, sondern statt dessen da weiterzumachen, wo sich etwas in Bewegung setzen läßt: „Ein bißchen was geht immer." Nach dieser „inneren Vorbereitung" wollen wir uns nun verschiedenen Formen empanzipatorischer Geschlechterarbeit zuwenden.

8.3. GESTALTUNG VON RÄUMEN
MUSS ES IMMER DIE BAUECKE SEIN?

Emanzipatorische Arbeit beginnt mit der Ausstattung und Gestaltung der Räume und den Nutzungsmöglichkeiten der Freispielflächen. Sie sollten zunächst einmal Differenzierungen zulassen, es also Mädchen wie Jungen erlauben, ihren jeweiligen Bedürfnissen nach Bewegung oder ruhigen Spielen, nach Rückzug oder Action, nach Spielen in kleinen oder großen Gruppen möglichst ungestört nachzugehen. Könnte diese Grundbedingung überall erfüllt werden, würde das schon viel Aggression abfangen, und es bliebe der Erzieherin erspart, ständig – und häufig wider besseres Wissen – den Aktionsdrang von Kindern einschränken zu müssen.

Wenn aber Anzahl und Größe der Horträume (zu) sehr begrenzt sind, lassen sich nur durch eine geschickte Einrichtung und Aufteilung der Räume abgegrenzte Zonen für ruhige Spiele, zum Lesen, Tanzen und Musikhören vorsehen, in denen sich Mädchen den (häufigeren) Störmanövern von Jungen besser entziehen können. So sahen wir in Horten mit nur einem großen Raum pro Gruppe, daß Puppen-, Bau- und Malecke durch hohe Preßspanwände abgetrennt waren und so wenigstens Sichtschutz boten – und dem Expansionsdrang der Jungen Grenzen zugunsten der Mädchen setzten. In einem anderen Ein-Raum-Hort verteidigten Mädchen ihre mit Schnüren und Decken abgetrennte „Burg" mit Unterstützung der Erzieherin gegen die neugierigen

Blicke und das unerwünschte Eindringen von Jungen: nur manche Jungen erhielten die Erlaubnis, mitzuspielen. Die Erfahrung, daß die Mädchen sich (wenigstens für ein paar Tage) gemeinsam einen relativ großen Teil des Raums nehmen konnten, stärkte sichtlich ihr Selbstbewußtsein.

Außerdem ist es in Horten mit zu geringem Raumangebot durch entsprechende Beharrlichkeit der Erzieherinnen vielleicht doch möglich, noch einen Flur, einen Abstellraum oder gar einen weiteren großen Raum zusätzlich zu „erobern" oder öfter mal die Turnhalle der Schule zu belegen. Eine differenzierte Raumnutzung ist aber oft auch nur dann möglich, wenn wenigstens zwei Erzieherinnen dabei zusammenarbeiten können. Durch Öffnung der Gruppen besteht zudem die Möglichkeit, Funktionsecken und Spielangebote auf zwei Räume zu verteilen.

Ein weiteres Ziel wäre es, Räume und Freiflächen so auszustatten, daß sie Mädchen wie Jungen zu kompetenzerweiternden Aktivitäten anregen. Denn in einigen (vielen?) Horten haben Mädchen und vor allem Jungen noch nicht einmal Gelegenheit, sich „geschlechtstypische" Fähigkeiten anzueignen: Eine Werkbank zum Beispiel haben wir nur in einem Hort gesehen, wenn auch manche Erzieherin sie sehr gern angeschafft hätte. Kochgelegenheiten gab es öfter, nicht aber Computer, Nähmaschinen, Bügeleisen oder Mikroskope. Sollten solche Ausstattungselemente nicht zu beschaffen oder räumlich nicht unterzubringen sein, so stellt sich auch hier die Frage nach der Zusammenarbeit mit einer oder mehreren anderen Hortgruppen, mit einer Schule oder einem Freizeitheim in der Nähe. Und wenn das alles nicht gehen sollte: eine Erzieherin legte Spanplatten auf die Tische und klebte die Tischkanten mit Tesaband ab, damit Mädchen und Jungen sägen, feilen und hämmern konnten.

Zudem sollten Mädchen wie Jungen im Hort mehr Körpererfahrungen machen können, die auch ein gewisses Risiko beinhalten, zum Beispiel Skateboard fahren oder auf Bäume klettern. Schön wäre es auch, wenn der Hort zumindest gelegentlich den Hauch von Freiheit und Abenteuer vermittelt. Zum Teil sind dafür Anschaffungen notwendig: Skateboards, Pedalos, Materialien für Bewegungsbaustellen (s. Braun 1993), zum Teil aber auch nur die Erlaubnis der Erzieherin und des Hausmeisters, in Gebüschen Geheimgänge und Höhlen anzulegen oder in der Erde unter den Büschen „nach Öl zu graben". Manchmal reicht es, wenn die Erzieherin selbst über den Schatten ihrer eigenen weiblichen Erziehung springt, um ein bißchen mehr Selbständigkeit und Risiko zuzulassen. Wenn das in der Konzeption verankert und mit den Eltern abgesprochen ist, verliert im übrigen auch die „Aufsichtspflicht" etwas von ihrer Bedrohlichkeit.

Als letztes Ziel wäre zu nennen, daß schon die Gestaltung von Innenräumen und Freigelände ein gleichberechtigtes Mit- und Nebeneinander der Geschlechter fördert. Bei Raummangel wäre also zum Beispiel mit den Mädchen und Jungen zu klären, ob es immer die traditionellen Puppen- und Bauecken sein müssen. Denn die kommen zwar dem Wunsch der Kinder nach Geschlechtertrennung entgegen, fördern aber meist kein erweitertes Rollenverhalten, zumal wir nie Puppenecken sahen, die mit Baumaterial ausgestattet waren oder Bauecken mit Plüschtieren. Vielleicht kann der Platz besser für eine Hängematte, ein Zelt oder eine kleine Bewegungsbaustelle genutzt werden. Gibt es bewegliche Kisten, Bretter und Großbausteine, so lassen sich daraus „Kaufladen" und „Büro" ebensogut wie „Geisterbahn" oder „Schulklasse" bauen. Die Erfahrung von Erzieherinnen zeigt, daß sich Mädchen und Jungen an solchen nicht so eindeutig geschlechtstypisch „vorbelasteten" Spielorten leichter begegnen und leichter neue Rollenverteilungen ausprobieren können. Spielecken können aber auch immer wieder mal nur für Mädchen oder nur für Jungen reserviert sein. In manchen Horten ist es sicher auch möglich, daß sich die Mädchen einen eigenen Raum einrichten, in dem sie von Jungen nicht gestört werden.

Ein weiterer Punkt ist die Ausstattung des Hortes mit Spielen, Kassetten und Büchern, die veränderte Rollenvorbilder bieten: Hier kann die nächstgelegene öffentliche Bibliothek (hoffentlich) Unterstützung bieten.

8.4. Formen emanzipatorischer Arbeit
Vom Alltagshandeln bis zur Mädchen- und Jungenarbeit

Die Gestaltung von Räumen und Freigelände sowie eine entsprechende Materialausstattung bilden gleichsam die Basis für die Förderung von Gleichberechtigung, Gleichbewertung und erweiterten Handlungsmöglichkeiten. Daran kann die aktive emanzipatorische Arbeit der Erzieherin in verschiedenen Formen anknüpfen.

Alltagshandeln

Unter diesen Formen nimmt das Alltagshandeln der Erzieherin sicher den größten Raum ein. Gemeint ist damit der emanzipatorische Umgang mit all den vielen Situationen, in denen Mädchen und Jungen sich allzu rollentypisch verhalten oder aneinandergeraten: So kann die Erzieherin auf „Fairneß" und Regeleinhaltung auch in aggressiven Auseinandersetzungen dringen und es schlicht als „feige" brandmarken, wenn Jungen ihre Übermacht gegen Mädchen ausspielen. Und sie kann mit „Tobespielen" auf den Wunsch von Jungen nach körperlicher Nähe eingehen, auch wenn sie ihn hinter Kraftmeierei und Aggression verbergen. Oder sie kann klären, ob Frust, Rachegefühle oder Annäherungswünsche dahinterstecken, wenn Mädchen Jungen durch verbale Provokationen in Rage und zum Zuschlagen bringen. Sie kann in „Konfliktrunden" mit allen Beteiligten mit Hilfe von Rollenspielen angemesseneres Verhalten fördern. Sie kann Kinder dazu anregen, allgemeine (Vor-)Urteile durch persönliche und differenziertere Aussagen zu ersetzen. Sagt ein Junge beispielsweise „Mädchen sind blöd", so sollte der Junge dies als seine persönliche Meinung formulieren und Verantwortung dafür übernehmen: Die Erzieherin kann den Jungen also fragen: „Du findest alle Mädchen blöd?" Und sie kann weiter fragen, ob er wirklich alle Mädchen meint oder spezielle Mädchen, mit denen er vielleicht gerade Ärger hat. Dadurch kann das persönliche Problem des Jungen deutlicher und damit auch bearbeitbarer werden (Schenk 1991).

Aber auch die Erzieherin selbst kann, statt allgemeine Verbote auszusprechen, auf einer persönlichen Ebene reagieren: „Du, ich will nicht, daß du so gemein über Frauen redest, ich bin schließlich auch eine Frau!"

Probleme zum allgemeinen Thema machen

Das Alltagshandeln bezieht sich oft nur auf einzelne Mädchen und Jungen. Wiederholen sich aber problematische Situationen, so machen manche Erzieherinnen sie zum allgemeinen Thema, das dann in der wöchentlichen Gesprächsrunde der Hortgruppe zur Diskussion gestellt wird. Dann wird gemeinsam nach Lösungen gesucht, die ausprobiert und überprüft werden können. Diese Lösungen müssen für Mädchen genauso befriedigend sein wie für Jungen. Deshalb achten die Erzieherinnen nicht nur auf die Inhalte, sondern auch darauf, daß in dieser Runde alle gleichermaßen zu Wort kommen und keine Meinung lächerlich gemacht oder unterdrückt wird. Sie sorgen zudem dafür, daß die schließlich gefaßten Beschlüsse auch tatsächlich eingehalten werden.

Beides, das Alltagshandeln als auch die gemeinsame Klärung von geschlechtsbezogenen Konfliktpunkten in der ganzen Gruppe, sind zwar wenig spektakulär, aber sehr wichtig, denn sie prägen entscheidend das soziale Klima und ermutigen Mädchen und Jungen, Gleichberechtigung und Gleichbewertung einzufordern und zuzugestehen.

Projekte durchführen

Reichen Interesse und Zeit darüber hinaus, so kann ein Thema auch zu einem „Projekt" (im Sinne des Situationsansatzes) werden, an dem eine Zeitlang mit verschiedenen Mitteln gearbeitet wird. So könnte zum Beispiel das Thema „Mein Leben in zwanzig Jahren" Anlaß für Collagen, Rollenspiele, Lesen von (kritischen) Texten sein. Denkbar sind in diesem Zusammenhang aber auch kompensatorische Lernangebote, etwa eine Einführung in die Hauswirtschaft für Jungen oder ein Computer-Treff nur für Mädchen. Auf jeden Fall bieten solche Projekte viel Anlaß zum Hinterfragen von Rollenklischees.

Spätestens bei solchen koedukativen Projekten enden aber die Möglichkeiten von Erzieherinnen, die allein in eingruppigen Horten arbeiten. In ihrer Isolation dürfte für sie sogar schon die Veränderung ihres Alltagshandelns schwierig sein.

Eine zweite Gruppe und eine zweite Erzieherin im selben Haus können diese äußerst eingeschränkte Situation verbessern: Wenn sich beide Erzieherinnen gut verstehen und die innere Öffnung ihrer Gruppen betreiben, wird ein Austausch möglich, bei dem sie ihr eigenes Verhalten reflektieren und sich vielleicht sogar gegenseitig auf ihre blinden Flecken aufmerksam machen können. Möglich wird darüber hinaus eine differenziertere koedukative Geschlechterarbeit; beispielsweise durch das Angebot von Neigungsgruppen, in denen Mädchen und Jungen gemeinsam kochen, nähen, sägen, hämmern und bohren.

Getrennte Mädchen- und Jungenarbeit

Sogar über regelmäßige Mädchen- und Jungenarbeit könnten zwei Erzieherinnen nachdenken. Zumindest aber wäre ab und zu eine Stunde ungeteilter Aufmerksamkeit für die Mädchen und ihre Bedürfnisse drin, wenn die andere Erzieherin in der Zeit etwas mit den Jungen macht, zum Beispiel in die Schulturnhalle geht. Denn so wertvoll emanzipatorische Arbeit mit Mädchen und Jungen gemeinsam auch ist, so sinnvoll ist ihre Ergänzung durch getrennte Mädchen- und Jungenarbeit mit jeweils eigenem Programm.
Das zeigten jedenfalls unsere Interviews in Horten in Kiel, Hamburg und Pforzheim, in denen für kurze oder längere Zeit erfolgreich Mädchenarbeit oder sowohl Mädchen- als auch Jungenarbeit gemacht wurde: Mädchen wie Jungen können dann ungestört vom anderen Geschlecht und ohne den Druck, ihm gefallen zu müssen (der sich nicht nur bei den Mädchen, sondern gerade auch bei den Jungen als sehr stark erwies), eigenen geschlechtstypischen Interessen nachgehen, sich aber auch in eher geschlechtsuntypischen Bereichen versuchen. Weiter bietet geschlechtsgetrennte Arbeit Gelegenheit, einigermaßen ehrlich über Tabuthemen wie Sexualität und Körperlichkeit zu reden.
Mädchen können in ihrer Gruppe ihre Solidarität sowie das Bewußtsein ihres eigenen Werts stärken und sich unabhängiger von der Anerkennung durch Jungen machen. Und sie, die sich als „schwach, aber schön" definie-

ren, können dort erst einmal im Rollenspiel erproben, wie sie Machtansprüche, Abwertungen und Übergriffe von Jungen besser zurückweisen können.

Den Jungen dagegen kann Jungenarbeit helfen, sich mit ihren Ängsten und Schwächen, aber auch mit ihren wirklichen Stärken auseinanderzusetzen und anzufreunden und ein männliches Selbstwertgefühl zu entwickeln, das auf ständige Machtdemonstrationen und auf die Abwertung von Mädchen verzichten kann.

Jungenarbeit erscheint uns ebenso notwendig wie Mädchenarbeit – nur, wer soll sie machen? Männer, und zudem noch für diese Aufgabe geeignete Männer, sind in den Horten kaum vorhanden. Wenn aber Frauen diese Aufgabe übernehmen, bleibt erstens das traditionelle Geschlechterverhältnis trotz anderer Ansprüche formal erhalten: eine Frau leistet dann wieder Beziehungsarbeit und kümmert sich um die Belange der Jungen – kann sie die Jungen dabei wirklich zu neuem Rollenverhalten herausfordern? Zweitens: Erzieherinnen können den Jungen zwar ein erweitertes Modell von Weiblichkeit bieten, aber nicht die von vielen Jungen dringend gebrauchte Identifikationsfigur für eine „neue Männlichkeit" sein. Drittens ist natürlich die Frage, wieweit sich eine Erzieherin in die Probleme der Jungen mit ihrer männlichen Sozialisation hineinversetzen kann. Die von uns zu ihrer emanzipatorischen Arbeit mit Mädchen und Jungen in Horten befragten Erzieherinnen äußerten sich dazu sehr unterschiedlich: Eine Erzieherin macht in einem Hamburger Hort seit vielen Jahren Jungenarbeit und bemüht sich sowohl um Verständnis für die Jungen als auch um neue Rollenverteilungen. Eine Kieler Erzieherin, die mit Mädchenarbeit im Hort begonnen hatte, dagegen fand, daß Jungenarbeit Männersache sein müsse. In einem Pforzheimer Hort wurde eine Erzieherin zur speziellen Ansprechpartnerin für die Jungen, aber: „ein Unterschied bleibt ... sie fühlen sich allein und im Stich gelassen!" (Miedaner u. a. 1993)

Zu sagen bleibt noch, daß in allen drei Horten gute räumliche Bedingungen gegeben waren, so daß der Wunsch der Mädchen nach einem eigenen ungestörten Raum zumindest für eine gewisse Zeit erfüllt werden konnte. Weniger gut waren die personellen Bedingungen in Kiel und Hamburg: In dem Kieler Hort kann die Mädchenarbeit nur stattfinden, wenn sowohl die Erzieherin als auch die Kinderpflegerin da sind, ansonsten muß sie ausfallen. In Hamburg opfern die Erzieherinnen ihren Feierabend: Mädchen- und Jungenarbeit werden nach Ende der Öffnungszeit gemacht, und zwar am selben Wochentag, damit Mädchen- und Jungengruppe gelegentlich auch gemeinsame Ausflüge machen können. Die beiden Erzieherinnen können zwar ihre Überstunden am (nächsten) Morgen ausgleichen, aber solche Regelungen sind nur in einem großen und kooperativen Team möglich.

9. Pädagoginnen verändern ihre Praxis – Anregungen

Nachdem wir auf notwendige Rahmenbedingungen, mögliche Formen und wichtige Voraussetzungen bei den Erzieherinnen selbst für emanzipatorische Geschlechterarbeit eingegangen sind, wollen wir nun anhand von Praxisbeispielen aus Horten, aber auch aus Grundschulen zeigen, wie in diesem Sinne bereits gearbeitet wird. Dabei können die beschriebenen Inhalte und Formen natürlich nur Anregungen für die eigene Arbeit sein und nicht als „Rezepte" übernommen werden.

Nicht alle dargestellten Ansätze entstanden übrigens explizit aus emanzipatorischen Zielsetzungen, sondern aus dem Interesse von Pädagoginnen, mit Kindern bessere Lösungen für problematische Situationen zu erarbeiten. Wenn dies gelang, wirkte es sich auch positiv auf das Geschlechterverhältnis aus. Gemeinsam ist allen Beispielen, daß sich ihre Initiatorinnen „mit Lust" an die Arbeit machten und den Mädchen und Jungen etwas vermitteln wollten, was sie selbst in ihrem Leben als positiv erfahren haben. So sagte eine Erzieherin mit neunjähriger Erfahrung mit Mädchenarbeit in einem Hamburger Hort: „...Ich behaupte schon von mir, daß ich emanzipiert bin. Ich wollte den Mädchen meine Erfahrungen als Mädchen und als Frau vermitteln, daß Mädchen also nicht anders sind als Männer und genauso selbstbewußt sein können und genausoviel Rechte haben wie Männer." Ihre Kollegin, die die Jungenarbeit macht, betont, wie wichtig es ist, daß sie wirklich hinter dieser Arbeit steht, die ihr überwiegend auch Spaß macht – sonst hätte sie all die Mühen und gelegentlichen Enttäuschungen, das weitgehende Desinteresse der Eltern wie der Vorgesetzten und die Kritik mancher Kolleginnen gar nicht durchgestanden.

Wir beschränken uns hier auf Beispiele, die sich den Themen unserer Auswertung zuordnen lassen. Schwerpunktmäßig geht es also erstens um die Erweiterung von Handlungsspielräumen und um die Infragestellung der klassischen Arbeitsteilung in Familie und Beruf, zweitens um gleichberechtigte Verständigung in Konfliktsituationen, und drittens um positive Zugänge zu Körperlichkeit und Sexualität.

9.1. Erweiterung von Rollenhandeln
Mädchen an den Computer, Jungen in die Küche

Können Mädchen Eisenbahnerinnen werden?

Petra Milhoffer (1989) griff im Rahmen eines Forschungsprojekts zur Binnendifferenzierung im Grundschulunterricht die „Technikdistanz" von Mädchen und die „häufig sehr gefühlsbesetzte Abwehrhaltung" von Jungen gegenüber weiblichen Tätigkeitsbereichen auf. In einer zweiten Klasse, in der es keine aktuellen Geschlechterkonflikte gab, wohl aber geschlechtstypisches Verhalten, stellte sie Mädchen wie Jungen die Aufgabe, aufzuschreiben und zu zeichnen, was Frauen/Mütter und was Männer/Väter tun. Es stellte sich heraus, daß die Rollentrennung der Jungen viel strikter war als die der Mädchen. Jungen fielen zu Frauen nur ganz wenige Frauenberufe, Haushaltstätigkeiten oder gar nichts ein, weil sie Hausarbeit teilweise gar nicht als „Tätigkeit" wahrnehmen. Für Männer dagegen nannten sie eine breite Palette von Berufen, jedoch keinerlei Haushaltstätigkeiten. Mädchen dagegen sahen Frauen als aktiv sowohl im Haushalt als auch in verschiedensten Berufen, sogar in frauenuntypischen. Den Männern dachten sie neben einigen Männerberufen gelegentlich auch Hausarbeit zu. Die Ergebnisse wurden den Kindern in Form eines Schaubilds zurückgemeldet. Danach ergab sich eine heftige Diskussion zwischen Mädchen und Jungen, in der allgemeine Vorurteile wie zum Beispiel „Männer können nicht kochen" und „Frauen verstehen nichts von Technik" mit konkreten gegenteiligen Erfahrungen konfrontiert wurden. Während die Mehrzahl der Jungen behauptete, die Arbeitsteilung sei unveränderlich, wurde dies von den meisten Mädchen bestritten.

Können Jungen auch Barbie spielen?

Da das Interesse der Mädchen wie der Jungen an dem Thema so groß war, beschloß Petra Milhoffer, in einer weiteren Unterrichtseinheit die einengenden geschlechtsspezifischen Spielklischees zu hinterfragen. Im Sinne einer Pro- und Kontra-Diskussion sollten Mädchen und Jungen mit Hilfe eines Fragebogens dazu Stellung nehmen, ob Mädchen auch mit Jungenspielzeug spielen könnten und umgekehrt. Das Ergebnis war auch hier, daß die Jungen an einer strikteren Rollentrennung festhielten und einen geschlechtsübergreifenden Gebrauch von Spielzeug viel stärker ablehnten als die Mädchen: Diese bejahten sogar überwiegend die Frage, ob Jungenspielzeug auch für Mädchen da sei. Zur nächsten Stunde brachten alle Kinder ihre Lieblingsspielsachen mit und zeigten sich in gemischten Vierergruppen gegenseitig alle Spielmöglichkeiten und erklärten, warum sie ihr Spielzeug so gern hätten. Anschließend konnten die Gruppen gemeinsam mit den Sachen spielen. In der Stunde darauf beantworteten die Kinder wieder den Fragebogen. Die Ergebnisse der ersten und der zweiten Befragung wurden nun von den Kindern miteinander verglichen: In der zweiten Befragung waren alle Kinder der Meinung, Mädchen könnten durchaus auch mit Jungenspielzeug spielen und alle, bis auf einen Jungen, meinten nun, daß Mädchenspielzeug auch für Jungen geeignet sei – was in der ersten Befragung von den Jungen heftig verneint worden war. Die Kinder kommentierten diesen allgemeinen Meinungsumschwung, indem sie sagten: „Wir wußten ja nicht, daß das auch so schön sein kann" oder „Am meisten Spaß macht es zusammen" und „der Unterschied ist sowieso Quatsch" (Milhofer 1989: 120).

Gewissermaßen, um den Erfolg zu überprüfen, wurde in einer weiteren Stunde eine Geschichte vorgelesen, in der Frauen Männertätigkeiten und umgekehrt ausübten. Die Kinder reagierten häufig mit Lachen, vor allem, wenn Männer angeblich weibliche Arbeiten übernahmen. Petra Milhoffer wertete dies Lachen nicht nur als Ablehnung, sondern auch als produktive Verunsicherung: die Kinder hatten neuen Diskussionsstoff für die Frage „warum geht es eigentlich nicht auch umgekehrt?".

Uns gefällt an diesem Projekt, daß nicht versucht wurde, gegen den Willen der Kinder neue Normen zu setzen, sondern daß ihre Ausgangsbedingungen akzeptiert wurden und sie von da aus neue positive Erfahrungen mit einem erweiterten Verhaltensspektrum und anderen Wertorientierungen machen konnten.

Mädchen am Computer, Jungen am Kochtopf
und Erzieherinnen beim Feuermachen –
Alternative Vorbilder und Handlungsperspektiven

Die „Politik der kleinen Schritte" und die Vermittlung positiver Erfahrungen mit rollenüberschreitendem Verhalten bewährte sich auch in der Mädchenarbeit, die in den Horten in Kiel und Hamburg gemacht wird: In beiden Horten besprachen die Erzieherinnen mit den Mädchen, was sie in den eineinhalb bis zwei Stunden Mädchenarbeit pro Woche gerne machen wollten. Sie fanden es wichtig, daß die Vorschläge der Mädchen auch wirklich umgesetzt und damit anerkannt wurden. So wurden in Hamburg und Kiel zum einen „ganz mädchenspezifische Sachen" gemacht: die Mädchen kochten und luden die Jungen dazu gelegentlich ein, sie bastelten Schmuck und tanzten. Dazu kamen in Hamburg aber auch Aktivitäten, die den Erfahrungsraum der Mädchen über den Hort hinaus erweiterten: Schwimmen, Schlittschuhlaufen und Kegeln gehen sowie „Ausflüge in den Technikbereich" wie etwa Fahrradflicken und der Besuch in einem Computer-Zentrum, den die Mädchen „ganz toll" fanden. Diesen Besuch organisierte die Erzieherin, weil sie aufgrund ihrer Interviews zur Lebenssituation der Mädchen erfahren hatte, daß sie kaum Ahnung von Computern hatten, weil ihnen meistens von vornherein Desinteresse und Inkompetenz unterstellt und ihnen der Zugang zu Computern verwehrt wurde. In der Mädchengruppe erlebten die Mädchen nun, daß ihre Erzieherin ihr Interesse teilte und positiv und aktiv darauf einging.

In der Jungengruppe desselben Hortes stellte sich die Erweiterung von Rollenverhalten dagegen schwieriger dar: Da die Gruppe abends stattfand und alle zu dieser Zeit hungrig waren, verabredeten die Jungen mit der Erzieherin, daß sie selber einkaufen und Essen machen wollten. Das klappte auch am Anfang ganz gut, dann wurde den Jungen aber die „viele Arbeit" lästig. Manchmal fand sich niemand bereit, einkaufen zu gehen. Die fordernden Blicke der Jungen richteten sich nun auf die Erzieherin, die sich aber konsequent weigerte, diese Versorgungsleistung zu übernehmen. So mußten die Jungen wohl oder übel selber für sich sorgen – Abwasch inklusive. Sie schafften es im Laufe der Zeit sogar einmal, die Mädchengruppe zum Essen einzuladen. Daß Jungen damit auch mehr Achtung vor den üblicherweise von Frauen erbrachten Versorgungsleistungen gewannen, ist zu hoffen. Sehr stolz waren die Jungen auch auf ihre mit der Nähmaschine genähten Kissenbezüge, die sie zu Weihnachten verschenken konnten.

Erweitertes Rollenverhalten wurde auch hier nicht durch Heben des moralischen Zeigefingers erreicht, sondern durch die Notwendigkeit dieser Arbeiten und durch die Erfolge der Jungen dabei. Dazu kommt, daß sie ihre Erzieherin in einer alternativen Frauenrolle erlebten; sie ließ sich nämlich nicht zu ihrem „Putzmäuschen" machen, sondern beeindruckte die Jungen dadurch, daß sie gut tauchen und Feuer machen konnte und das auch den Jungen beibrachte: Sie ging also auch auf deren eher männliche Bedürfnisse ein.

Wie notwendig alternative Vorbilder sind, zeigt sich auch an folgendem Beispiel. Bei einem Ausflug steuerte eine Erzieherin den Bus, während ihr männlicher Kollege daneben saß. Das provozierte sofort die Frage an den Erzieher, ob er denn nicht Autofahren könne (s. Miedaner u. a. 1993). In einer anderen Kindertagesstätte fragten die Kinder zweifelnd die Leiterin, ob sie denn wirklich mit der Bohrmaschine umgehen könne, die sie in der Hand hielt. Als sie das unter Beweis stellte, waren sie beeindruckt. Vielleicht würden noch viel mehr Kinder ins Nachdenken und Nachahmen geraten, wenn Erzieherinnen solche Fähigkeiten öfter in ihren Berufsalltag einbringen würden.

Eine Möglichkeit, rollenkonformes mit rollenerweiterndem Verhalten zu verbinden, ergab sich für Mädchen in Pforzheimer Horten: Sie konnten an einer Tanzgruppe teilnehmen, die zentral in einem Mädchentreff stattfand.

Dazu mußten sich die Mädchen aber relativ selbständig von ihren Horten zu dem Mädchentreff bewegen – und das auch dann, wenn zum Beispiel die Freundin aus demselben Hort mal nicht mitgehen konnte. Hier übten sich die Mädchen also nicht nur im Tanzen, sondern auch in der bei Mädchen oft wenig ausgeprägten Fähigkeit, sich selbständig im öffentlichen Raum zu bewegen.

9.2. KONFLIKTE – „DER STÄRKERE HAT RECHT" ODER GLEICHBERECHTIGTE VERSTÄNDIGUNG?

Mehr Selbstbewußtsein durch Mädchenarbeit

Die Ergebnisse unserer Befragung zeigen deutlich, daß Mädchen sich von Jungen häufiger provoziert und in Raufereien sehr viel öfter unterlegen fühlen als umgekehrt: Hier herrscht also so wenig Gleichberechtigung von Mädchen, daß eine „Gleichbehandlung" im Sinne des Ratschlags, sich doch „einfach" gegen die Jungen zu wehren, die Ungleichheit nur noch verstärkt. Aus der Einsicht heraus, daß Mädchen in diesem Alter nicht von Natur aus schwächer sind, sondern zur Schwäche und Wehrlosigkeit erzogen werden, sahen es die beiden Erzieherinnen, die in Hamburg und Kiel Mädchenarbeit machen, als ihr Ziel an, den Mädchen in Konflikten mit Jungen den Rücken zu stärken. So gehört es für die Erzieherin in Kiel zu ihrem Alltagshandeln, Mädchen nicht zurückzuweisen, wenn sie sich in Konflikten mit Jungen an sie wenden. Sie überlegt mit den Mädchen gemeinsam, was sie tun könnten, um sich zu wehren und sich Respekt zu verschaffen und greift erst ein, wenn der Kampf zu hart wird. So haben diese Mädchen einen Rückhalt an der Erzieherin. Dazu kommt noch das Vorbild der Mädchen in der Gruppe, die ihre Power in Konflikten bereits einsetzen und teilweise auch siegreich aus Kämpfen mit Jungen hervorgehen. Zudem – so die Beobachtung der Hamburger Erzieherin – gibt es auch Mädchen, die verbal so stark sind, daß den Jungen „die Ohren schlackern". Offenbar genügt die ernstgemeinte Angriffsdrohung eines Mädchens oft, die Jungen zum Rückzug zu bewegen. Entscheidend für diese Durchsetzungsfähigkeit scheint das Selbstbewußtsein der Mädchen zu sein, zu dem die Mädchenarbeit und der eigene Mädchenraum in beiden Horten ganz wesentlich beitragen.
Wo weder ein Mädchenraum noch kontinuierliche Mädchenarbeit realisierbar sind, ist bei zwei Erziehungskräften in der Gruppe zumindest punktuell Mädchenarbeit möglich. So beobachtete eine Praktikantin eine Situation im Hort, in der mehrere Jungen einem Mädchen immer wieder die Hoftür zuhielten. Sie nahm das zum Anlaß für ein spontanes Treffen mit mehreren

Mädchen, die ähnliche Erfahrungen zusammentrugen und sich über die Jungen beklagten. Die Praktikantin lenkte aber die Aufmerksamkeit der Mädchen auf ihre eigenen Möglichkeiten, sich zu wehren. Die Ideen, die die Mädchen hierzu zusammentrugen, wurden anschließend im Rollenspiel ausprobiert. Die Mädchen beschlossen daraufhin, künftig mehr gegen Angriffe der Jungen zusammenzuhalten.

Konfliktarbeit gemeinsam mit Mädchen und Jungen

Ein weiteres Beispiel für „emanzipatorische Koedukation" stammt aus einer Grundschule, erscheint uns aber auch für die Hortarbeit sehr anregend: Margret Imhof (1985) führte in ihrer Klasse im dritten und vierten Grundschuljahr eine „Konfliktarbeit" durch, die wesentlich zu einer Verbesserung der Geschlechterbeziehungen und zu einer gleichberechtigten Verständigung beitrug. Ausgangspunkt für die Einrichtung einer einwöchentlichen „Konfliktstunde", an der jeweils die halbe Klasse teilnahm, war das Anliegen der Lehrerin, den Problemen der aggressiven wie der gehemmten Kinder, ihrer Rivalität und gegenseitigen Abwertung mit positiven Möglichkeiten der Konfliktlösung zu begegnen. Sie wollte den Kindern nahebringen, alle Gefühle für andere Menschen, auch die „negativen", wahr- und anzunehmen und sich mit ihnen produktiv auseinanderzusetzen. Dafür bot die psychotherapeutische Ausbildung der Lehrerin natürlich eine gute Voraussetzung. Zunächst und immer wieder lernten Mädchen und Jungen, in sich selbst hineinzuhorchen und im Rahmen von „Stille-Übungen" Kontakt zu sich selber aufzunehmen und dann das Erlebte den anderen mitzuteilen. „In dem Bewußtsein, wie einsam sich jeder einzelne in dieser Stille fühlen kann, konnten wir alle besser verstehen, warum es in der Klasse oft so laut sein mußte, warum oft Balgereien und Streitigkeiten stattfinden mußten, das war Kontakt, man gehörte dazu, da war man nicht mehr so einsam" (Imhof 1985: 269). In der Konfliktgruppe sollte dagegen Kontakt durch Einfühlen, Mitfühlen und Akzeptieren möglich werden. So übten die Kinder, „in die Haut des anderen zu schlüpfen" und Konflikte aus seiner Sicht zu sehen. Dieser Perspektivenwechsel förderte gegenseitiges Einfühlen und Verstehen, gerade auch zwischen den Geschlechtern: „Die Jungen lernten von seiten der Mädchen her fühlen und die Mädchen sahen auch die Welt mit den Augen der Jungen" (a. a. O.: 269). So klärte sich mancher Streit quasi von selbst, und es wurden leichter Lösungen und Kompromisse gefunden. Allerdings gab es auch Situationen, „wo wir uns mit dem Unlösbaren abfinden mußten" (ebda.).

Doch nicht nur Verstehen und Akzeptieren, sondern auch das Grenzensetzen mußte gelernt werden. Jungen und vor allem Mädchen mußten ausdrücken lernen, „so nicht mit mir". Zunehmend waren die Kinder auch in der Lage, sich gegenseitig „den Spiegel vorzuhalten" und sich Rückmeldung zu geben, wobei das positive Feedback nicht zu kurz kam. Durch diese Arbeit waren die Kinder mehr und mehr in der Lage, sich in Konfliktsituationen ihre Gefühle und Gedanken mitzuteilen und sich nicht mehr blindlings anzugreifen.

Da ein großer Teil der Konflikte auf der Abwertung der Mädchen durch die Jungen beruhte, waren manche Lernziele für Mädchen und Jungen trotz der koedukativen Arbeitsweise verschieden: Für die Mädchen war es wichtig, Diskriminierungen durch die Jungen nicht mehr einfach zu „schlucken", sondern die ihnen zugedachte „Unterlegenheit" wirkungsvoll in Frage zu stellen, indem sie die Jungen mit ihrer Kränkung konfrontierten und von ihnen Einfühlung forderten (Imhof 1985: 274). Die Jungen dagegen waren gefordert, ihre Ängste und Unsicherheiten wahrzunehmen und sie auch auszusprechen, statt sie mit Machtansprüchen gegenüber den Mädchen zu kaschieren. So machten die Jungen die Erfahrung, „daß Mädchen und Jungen dieselben Gefühle haben, Jungen ihre Gefühle aber eher unterdrücken, während Mädchen darüber irgendwie ernster reden können" (a. a. O.: 277). Hier wurde also Mädchen und Jungen kompensatorisches Lernen in einem koedukativen Rahmen ermöglicht.

Margret Imhof führte vier Jahre danach Interviews mit ihren damaligen SchülerInnen durch und konnte feststellen, daß der Abbau der verächtlichen Haltung der Jungen gegenüber den Mädchen von Dauer gewesen war und die Jungen das auch nach so langer Zeit noch als Zugewinn an Freiheit gegenüber ihren weniger „emanzipierten" Altersgenossen erlebten – obwohl sie von anderen Jungen wegen ihrer offenen Sympathie für Mädchen nur allzuoft abgewertet wurden.

Der Erfolg dieser „Konfliktarbeit" beruht sicher nicht nur auf ihrer relativ langen Dauer, sondern vor allem darauf, daß sich Imhof sowohl in die Mädchen als auch in die Jungen so gut einfühlen konnte – wobei sie sich ein inneres Verständnis für das von Stärke- und Abgrenzungsimperativen bestimmte Verhalten der Jungen erst erarbeiten mußte (Imhof 1985: 274 f.).

In einer Erzieherinnen-Fortbildung kamen wir allerdings zu dem Schluß, daß es für Mädchen und besonders für Jungen zwar wichtig sei, ihre verbale Konfliktfähigkeit zu erweitern, daß es für Mädchen aber auch nötig sei, im Zweifelsfall ihre Körperkräfte einsetzen zu können, um ihrem Ärger direkten Ausdruck zu verleihen und damit den Jungen zu zeigen, daß nicht nur sie allein über diese Art von „schlagkräftigen Argumenten" verfügen.

9.3. Körperlichkeit, Sexualität und Zärtlichkeit
Tabuisierungen und Abwertungen zur Sprache bringen

Sexistische Äußerungen – Nicht nur ein Problem für die Mädchen,
sondern auch für die Erzieherinnen

Abwertung der Mädchen statt Gleichbewertung der Geschlechter drückt
sich nicht nur in gewalttätigen Konflikten aus, sondern teilweise auch sehr
massiv durch den Gebrauch sexueller und sexistischer Schimpfwörter, mit
denen Jungen sich gegenseitig, häufig aber auch sehr einseitig die Mädchen
belegen – was zwar für den Hortbereich, aber nicht darüber hinaus verboten
werden kann.

Sexuelle Schimpfworte offenbaren die Tabus, die Doppelmoral und die Geschlechterhierarchie in der Sexualität – und transportieren sie an die nächste
Generation weiter. Deshalb plädiert Gunter Neubauer (1993) dafür, Sexualität auch in ihren negativen und brutalen Aspekten nicht zu tabuisieren, sondern zu thematisieren. Eine Aufarbeitung sollte vor allem im Hinblick auf
das sozial-emotionale Geschlechterverhältnis konkretes Wissen sowie den
Umgang mit Lust- und Frustgefühlen ebenso wie mit Scham und Verletzlich-
keiten umfassen.

Aufklärung durch die ErzieherInnen oder von ihnen bereitgestellte Bücher
sind deshalb ein Schritt in die richtige Richtung. Die Erzieherin in der Hamburger Jungengruppe ging noch einen Schritt weiter und bat die Jungen, alle
ihnen bekannten Schimpfwörter aufzuschreiben und sie zu erklären. „Das
fanden sie abartig, daß ich das nun so genau wissen wollte!" Trotzdem ent-
wickelte sich aus der Konfrontation der Jungen mit diesem Thema ein relativ
offenes Gespräch über Sexualität, in dem ein Junge die Führung übernahm
und den anderen mit Hilfe seines Sexualkundebuches Aufklärungsunterricht
gab. „Diese Gespräche bedeuten sehr viel, weil hier überhaupt über Sexualität – und dann noch ohne negative Gefühle gesprochen wurde" (Glembocki/
Liebenguth 1990: 109).

Auch in einem anderen Hort unternahmen Erzieherinnen den Versuch, Sexualität und Liebe (wieder) in einen Zusammenhang zu bringen, indem sie
den Kindern erklärten, daß sie selbst in diesem „Zusammenhang" entstanden sind. Ihren Erfolg schätzten sie allerdings eher gering ein.

Solche Bemühungen sind sicher um so schwieriger, aber auch um so notwen-
diger, je mehr Sexualität schon mit Abwertung und Gewalt besetzt ist. Doch
nicht nur die Einstellung zur Sexualität, „sondern das Sozialverhalten zwischen Mädchen und Jungen insgesamt", so Petra Milhoffer (1994: 41 f.) ist
zumindest „im öffentlichen Raum" von Kindertagesstätte und Schule „spä-

testens ab dem 8. Lebensjahr gekennzeichnet von einer spannungsgeladenen Mischung aus Distanzierungs-, Kontakt- und Kontrollbedürfnis". Deshalb schlägt sie vor, mit Gesprächen über Sexualität möglichst bereits im ersten Schuljahr zu beginnen. Dabei hält sie nicht nur eine zeitweise Geschlechtertrennung, sondern auch „didaktische Differenzierungen" für notwendig, damit Mädchen sich mit ihren Ängsten vor Übergriffen und ihren defensiven Strategien, Jungen sich mit ihrer „Angst vor Schwäche und vor Angstgefühlen" auseinandersetzen können (a. a. O.: 42).

Wenn HorterzieherInnen dazu beitragen wollen, daß Mädchen und Jungen Sexualität trotz aller gegenteiligen Einflüsse stärker mit Liebe, Zärtlichkeit und Verständigung und weniger mit Gewalt und Machtausübung von Männern verbinden, brauchen sie selbst klare Orientierungen in diesem fallenreichen Feld: Deshalb, so Ursula Neumann (1994), ist es zunächst wichtig, sich klarzumachen, wo Sexuelles von Jungen nicht im Sinne gleichberechtigter erotischer Annäherung benutzt wird, sondern dazu, Mädchen (zum Beispiel durch Röckehochheben oder Schimpfworte) zu beschämen, ihre Grenzen zu verletzen und sie dadurch klein und sich selbst groß zu machen. Auch wenn das fragliche Verhalten vor allem bei Jungen gegenüber Mädchen und Frauen, nicht aber umgekehrt und auch nicht gegenüber Männern vorkommt, „kann Frau getrost davon ausgehen, daß Sexismus im Spiel ist" (a. a. O.: 191).

Der zweite wichtige Schritt wäre dann, Übergriffe auch als solche zu benennen und entsprechend deutlich und grenzensetzend zu reagieren. Hier aber, so Ursula Neumann, stoßen Frauen häufig auf Barrieren bei sich selbst: „Frauen sind trainiert darauf, eine Aggression nicht Aggression zu nennen", sondern sie zu entschuldigen und „Verständnis zu zeigen" (a. a. O.: 192). Irene Kerber beschreibt aus eigener Erfahrung als Erzieherin diesen Mechanismus von Verletztheit und daraus entstehender Wut, die dann aber „von professionellem Verständnis" abgebremst wird: Sie erlaubte sich zunächst nicht, den Jungen, der sie mit einer sexistischen Bemerkung verletzt hatte, mit ihrem Ärger zu konfrontieren.

Doch weder das Ignorieren, noch „Verständnis", hinter dem eigentlich Wut steckt, noch der halbherzige Versuch, für solche Ausdrücke Strafen anzudrohen, lösen das Problem. Solange Erzieherinnen (und Frauen allgemein) nicht entschlossen handeln, schwächen sie nicht nur ihr eigenes Selbstbewußtsein, sondern sind auch den Mädchen kein gutes Vorbild: „Wenn sie an uns sehen, daß wir uns selbst nicht zur Wehr setzen können und daß wir nicht willens oder fähig sind, sie zu verteidigen, dann werden sie resignieren und glauben, das alles sei ‚normal'" (Neumann 1994: 122). Und die Jungen genießen ihren Erfolg und machen so weiter, während „die Wut der Erzieherin in der Ohnmacht bleibt" (Kerber 1991: 22).

Irene Kerber entschloß sich deshalb zur Konfrontation auf einer persönlichen Ebene und machte die Erfahrung, daß „lediglich das konkrete Thematisieren, das Ansprechen auch der verdeckt mitschwingenden Sachverhalte (‚Ich will nicht, daß du so über meinen Busen sprichst!')" bei den Jungen etwas auzulösen scheint: in erster Linie Verblüffung, aber auch Nachdenklichkeit. Die Erzieherinnen in Hamburg und Kiel bestätigten: „Einfach darüber hinweggehen ist auch eine Form des Sich-nicht-Auseinandersetzens und des Fluchtergreifens." Auf der Basis einer grundsätzlich positiven Beziehung konfrontierten auch sie die Jungen mit der eigenen Verletztheit und mit dem eigenen Ärger.

In einem anderen Hort ging die Erzieherin noch weiter in die Offensive: sie drohte einem Jungen, der Mädchen ständig die Hosen runterzog, dasselbe vor aller Augen bei ihm selbst zu tun und ließ keinen Zweifel daran, daß sie es damit ernst meine. Daraufhin ließ er die Mädchen in Ruhe.

Erzieherinnen sowie die Mädchen selber können den Jungen um so entschlossener Grenzen setzen, je mehr sie die eigenen Unsicherheiten, Hemmungen und Schamgefühle im Zusammenhang mit ihrem Körper und ihrer Sexualität angehen und überwinden.

„Wenn Jungen dabei gewesen wären, hätten sie das nicht erzählt"

Gerade dafür ist getrennte Geschlechterarbeit von großem Vorteil: In der Hamburger Mädchengruppe hatten die Mädchen nach einiger Zeit Vertrauen gefaßt und „fingen von selbst an, über sich zu erzählen und über Probleme mit den Eltern, und daß die meisten von ihnen auch sexuell belästigt wurden, das kam dann raus und da haben wir dann drüber geredet. ... Das hätten sie bestimmt nicht angesprochen, wenn Jungen dabeigewesen wären!"

Umgekehrt bemerken die Hamburger Erzieherinnen wiederholt, wie sehr die Jungen den Mädchen gegenüber unter Druck stehen, den „starken Mann zu markieren" und wieviel lockerer sie in der Jungengruppe sind: Gespräche über Sexualität wären mit den Mädchen zusammen undenkbar gewesen.

Auch das Bedürfnis nach körperlicher Entspannung, nach Herumliegen in einem kuscheligen Raum können die Jungen höchstens in Abwesenheit der Mädchen zugeben und leben. Daß Jungen diese Bedürfnisse wahrnehmen und anerkennen können, scheint aber eine zentrale Voraussetzung für einen liebevolleren Umgang mit ihrer Körperlichkeit und der Sexualität mit PartnerInnen zu sein, für die viele Jungen keinerlei Vorbild haben.

„Lernziel Zärtlichkeit"– Ein Projektunterricht

Sehr interessant ist in diesem Zusammenhang der Bericht von Susanne Godlewski (1990), die in einem Projektunterricht mit ihrer vierten Grundschulklasse das „Lernziel Zärtlichkeit" verfolgte. Die Voraussetzungen dafür waren insofern gut, als es in ihrer Klasse bisher keine Polarisierung zwischen Mädchen und Jungen und kaum Abwertung der Mädchen gegeben hatte. Ein schwieriger neuer Schüler hatte allerdings die Klasse ziemlich „aufgemischt": es war zu Cliquen, Konkurrenzen und zur Trennung der Mädchen von den Jungen gekommen.

Anlaß für den Projektunterricht war, daß die Lehrerin eine von dem neuen Schüler angeführte „wilde Küsserei" zwischen fast allen Mädchen und Jungen ihrer Klasse hinter der Turnhalle beobachtet hatte. Und obwohl durchaus Gewalt der Jungen gegen die Mädchen im Spiel war, schienen auch die Mädchen ein Interesse an der Küsserei zu haben. Daraufhin plante sie ihren Projektunterricht vor allem mit dem Wunsch, daß „ihre Kinder" später eine genauso schöne Erinnerung an Küsse und erste Liebe haben sollten wie sie selbst. Deshalb wollte sie den Kindern positive wie negative Gefühle als allgemein menschlich bewußt machen, mit denen man umgehen lernen kann. Weiterhin sollten Mädchen wie Jungen Zärtlichkeit und Liebe als positive und lebensnotwendige Gefühlsäußerungen anerkennen, die sich auf ein Gegenüber richten. Diese Inhalte sollten dem schwierigen Schüler zudem seine Integration in die Klasse erleichtern und die durch ihn entstandene emotionale Spannung in der Klasse behutsam wieder abbauen. Auch Susanne Godlewski knüpfte an positive Vorerfahrungen und Interessen ihrer SchülerInnen an, indem sie den Unterricht mit dem Thema „emotionaler Bezug zu Tieren" einleitete. Das sprach besonders den schwierigen Schüler an, der sich daraufhin auch zu dem folgenden Thema „Angst als allen Menschen eigenes Gefühl" sehr persönlich äußern konnte. Erst nach der Auseinandersetzung mit weiteren Gefühlen wie Zorn, Streit, Freundschaft, Kummer, Trauer und Verzweiflung näherte sich der Unterricht den Gefühlen der Liebe und Zärtlichkeit. Ganz zuletzt sprach die Lehrerin unter dem Thema „Der Kuß" die Szene hinter der Turnhalle an. Jetzt konnten sich Mädchen wie Jungen von sich aus kritisch zu ihrem damaligen Verhalten äußern, weil sie inzwischen ein positives Verhältnis zu Zärtlichkeit gewonnen hatten.

Der Projektunterricht wurde mit einer Vielzahl von Methoden durchgeführt, was die Chancen vergrößerte, auch wirklich jedes Kind innerlich zu erreichen: Stegreifspiele, Pantomime, Kleingruppenarbeit, künstlerisches Gestalten gehörten ebenso dazu wie Tast-, Hör- und Riechspiele sowie Partner- und Vertrauensübungen und sportliche Spiele mit engem Körperkontakt, die körperliche Berührungen zwischen den Geschlechtern in einen positiven Kontext stellten.

Teil IV
Fortbildung und Fachberatung: Unterstützung und Vernetzung

Hanna Permien

mit einem Beitrag von
Silvia Beisteiner, Renate Engler und Stefanie Kieffer

10. Fortbildung – Erzieherinnen setzen sich mit der Geschlechterfrage auseinander

Im vorigen Teil wurde deutlich, daß emanzipatorische Arbeit in Horten zwar auch unter ungünstigen Bedingungen in bestimmten Grenzen möglich ist und daß sie auch dann ein Stück weit geleistet werden kann, wenn ErzieherInnen keine (Unterstützung durch) KollegInnen haben. Sollen allerdings die engagierten ErzieherInnen von außen unterstützt und diese Arbeit auf breiterer Basis in Horten verankert werden, gilt es, einige der im ersten Kapitel angesprochenen Barrieren zu überwinden, die das aktive Aufgreifen der Geschlechterfrage in Kindertagesstätten bisher behindern. Bitter nötig dazu wären umfassende Möglichkeiten zu Austausch, Reflexion und Unterstützung unter KollegInnen sowie zur Aneignung von entsprechendem Wissen. Sie fehlen aber den meisten ErzieherInnen bisher nicht nur in der eigenen Einrichtung, sondern auch in deren Umkreis (daß das anders sein kann, zeigt das Beispiel von Pforzheim im 11. Kapitel). Genügend gute Fortbildung könnte an diesem Mangel etwas ändern, doch auch hier ist das Angebot knapp: die Geschlechterfrage ist keineswegs ein „Standardthema" in den Fortbildungsprogrammen, sondern muß durch entsprechende Nachfrage bei den Fortbildungsträgern erst dazu gemacht werden. Fortbildungen können aber durchaus von einzelnen Kindertagesstätten oder der Fachberaterin selbst realisiert werden. Das geschah und geschieht auch bereits.

Zu einigen solcher von Fachberaterinnen oder LeiterInnen organisierten Fortbildungen waren Lore Miedaner und ich als Referentinnen eingeladen. Auch erfuhren wir von Fortbildungen, in denen es speziell um Jungen ging (Bichsel 1994; Kokigei/Richtermeier 1992). Von diesen Veranstaltungen wollen wir im folgenden so berichten, daß deutlich wird, welche Fortbildungsziele, -inhalte und -methoden wir für notwendig und sinnvoll halten, wobei natürlich auch der Zeitrahmen bedacht werden muß.

Um das Problem mit dem Zeitrahmen gleich vorwegzunehmen: Zwar sind selbst halbtägige Fortbildungsveranstaltungen als Anregung besser als gar nichts, zumal, wenn es sich um Teamfortbildungen handelt und die KollegInnen über die Inhalte weiterdiskutieren können. Am liebsten aber ist uns eine Fortbildung in Form eines zweiteiligen Seminars von jeweils drei Tagen mit einer Beobachtungs- und Erprobungsphase dazwischen. Mit dieser Form lassen sich unsere Fortbildungsziele gut angehen. Die von uns geschilderten Formen, Inhalte und Methoden erheben keinerlei Anspruch auf Vollständigkeit. Vielmehr wollen wir Erzieherinnen-Teams, Fachberaterinnen,

128

DozentInnen in Aus- und Fortbildung anregen, das Fortbildungsangebot zur Geschlechterfrage zu verstärken und sich dabei – in kreativem Umgang mit den vorhanden Bedürfnissen und Möglichkeiten in ihrem Arbeitsfeld – der hier zusammengestellten „Bausteine" zu bedienen und sie nach Bedarf zu verändern und miteinander zu kombinieren.

10.1. WAS KANN FORTBILDUNG DEN ERZIEHERINNEN BRINGEN?

Die in Fortbildungsveranstaltungen von ErzieherInnen geäußerten Interessen und Erwartungen an die Seminare ebenso wie die Ergebnisse unserer Interviews mit Erzieherinnen lassen es „derzeit als vordringliches Ziel von Fortbildung" (Miedaner 1994a: 9) erscheinen, ErzieherInnen für die Geschlechterproblematik zu sensibilisieren. Dabei sollten sie sich nicht nur mit dem Alltag im Hort befassen, sondern sich auch mit dem gesellschaftlich verankerten Machtgefälle zwischen den Geschlechtern und der geschlechtstypischen Sozialisation auseinandersetzen, die dann unter der Perspektive des „Lernziels Gleichberechtigung" kritisch zu hinterfragen sind.

„Fortbildung sollte den Erzieherinnen außerdem Gelegenheit geben, ihrem eigenen Eingebundensein in das gesellschaftliche Geschlechterverhältnis ebenso auf die Spur zu kommen, wie ihrem persönlichen Beitrag zur Geschlechtersozialisation der ihnen anvertrauten Mädchen und Jungen... Sie sollten auch zu eigenem Beobachten und Forschen in ihren Hortgruppen angeregt werden. Aufbauend auf den so gewonnenen Erkenntnissen können dann eine Definition der eigenen, auf Gleichberechtigung gerichteten Ziele erarbeitet und Veränderungsansätze für das alltägliche pädagogische Handeln entwickelt werden" (a. a. O.: 9 f).

Auf diese Ziele richteten wir unsere Fortbildungen aus, auch wenn in einmaligen Fortbildungen von kurzer Dauer oft nur Etappenziele erreicht werden konnten.

Für uns und andere ist es selbstverständlich, bei diesem oft sehr „ich-nahen" Thema teilnehmer- bzw. teilnehmerinnenzentriert zu arbeiten und die Fortbildungen auf den „Dialog zwischen Lehrenden und Lernenden sowie auf forschendes Lernen auszurichten" (Miedaner 1994a: 10). Das heißt, daß Erzieherinnen sich zunächst darauf konzentrieren, die eigene Biographie und die persönlichen Bewertungen ebenso wie die eigene pädagogische Praxis unter der Geschlechterperspektive neu wahrzunehmen und zu interpretieren. Denn nur dieser Prozeß – und nicht das Einpauken eines angeblich „richtigen Standpunktes" – kann Ausgangspunkt für eine stimmige Veränderung von Einstellungen und Handeln im Bereich der Geschlechterfrage sein. Im folgenden wollen wir darstellen, wie wir und andere diese Ziele methodisch angegangen sind.

10.2. MÖGLICHE EINSTIEGE INS THEMA

Vorstellungsrunde und Erwartungsklärung

Auch wenn die Zeit für eine Fortbildung knapp bemessen ist, finden wir eine Vorstellungsrunde sehr wichtig, in der die TeilnehmerInnen nicht nur Namen und Arbeitsplatz nennen, sondern auch ihr Interesse am Thema und ihre Erwartungen an das Seminar deutlich machen sowie möglichst auch, welche Vorerfahrungen sie mitbringen.

Bei einer größeren TeilnehmerInnenzahl können Kleingruppen gebildet werden, die sich kurz zu diesen Fragen austauschen und das, was ihnen wichtig ist, in Stichworten auf Kärtchen festhalten, die nach Themen geordnet werden. Werden diese Themen dann noch in eine Reihenfolge gebracht, so können damit auch schon die inhaltlichen Schwerpunkte und der „rote Faden" des Seminars für alle TeilnehmerInnen sichtbar werden.

Lore Miedaner wählte für das zweiteilige Seminar einen recht persönlichen Einstieg, der auch die innere Vorbereitung auf das Thema förderte. Sie selbst und die TeilnehmerInnen brachten ein Bild aus der eigenen Kindheit (etwa Grundschulalter) zum Seminar mit. In der Vorstellungsrunde berichteten dann alle Anwesenden, was ihnen bei der Auswahl des Bildes im Zusammenhang mit dem Fortbildungsthema durch den Kopf ging. Anschließend wurden die Bilder auf Tonpapier befestigt und die Namen darunter geschrieben. In der Arbeitseinheit „wie bin ich die Frau/der Mann geworden, die/der ich bin?" wurde später noch einmal Bezug auf die Kinderbilder genommen (Miedaner 1994b).

Der sich an Vorstellungsrunde und Erwartungsklärung anschließende Einstieg ins Thema sollte, so finden wir, nicht nur Interesse wecken, sondern auch die Auseinandersetzung mit den eigenen Barrieren und (Vor-)Urteilen bezüglich der Geschlechterfrage provozieren. Wichtig ist dabei, klarzumachen, daß wir alle diese Barrieren und Vorurteile haben und sie nur überwinden können, wenn wir sie erst einmal genauer anschauen.

Einstieg 1: „Geschichte verkehrt"

Ich (d. Verf.) begann eine dreistündige Teamfortbildung mit der „Geschichte von einer Einrichtung, die es nicht wirklich gibt" und in der Mädchen und Frauen „typisch männliches", Jungen und Männer aber „typisch weibli-

130

ches" Verhalten zeigen. Solche Geschichten zu erfinden und auf den Teil-
nehmerInnenkreis abzustimmen, dürfte nicht schwerfallen. In der von mir
vorgestellten Einrichtung gibt es nur männliche Erzieher, die lieber nicht in
Leitungspositionen wollen. Die Mädchen hier sind rabaukig und rabiat und
lassen Jungen nicht bei ihren wilden oder technischen Spielen mitmachen,
„weil Jungen das nicht können". Die Jungen sind ängstlich und ordentlich,
wollen sich aber auch nicht alles gefallen lassen. Die Erzieher, selbst ratlos,
versuchen, die Jungen zur Gegenwehr zu ermutigen und die Mädchen zu
Ruhe und Friedfertigkeit anzuhalten usw.

Durch diese Geschichte geriet die anfängliche Behauptung der ErzieherInnen ins Wanken, bei ihnen würden Mädchen und Jungen gleich behandelt
und das gleiche tun. Es kam nun zur Sprache, welche Unterschiede ihnen
zwischen Mädchen und Jungen auffallen, wie sie sie bewerten, wie sie im
Alltag damit umgehen, aber auch, welche Unterschiede sie selbst machen
und welche Normen dahinterstehen.

Einstieg 2: Pro und Contra

Bei diesem von Lore Miedaner erprobten Einstieg nehmen die TeilnehmerInnen gegensätzliche Statements mit in die Arbeitsgruppen, zum Beispiel
„ich behandle Mädchen und Jungen gleich" contra „ Mädchen und Jungen
sind so verschieden, die kann man gar nicht gleich behandeln" oder auch
„ Mädchen sind viel schwieriger als Jungen" contra „ mit Mädchen ist es viel
leichter als mit den Jungen". In den Arbeitsgruppen wird dann diskutiert und
festgehalten, was für das eine und was für das andere Statement spricht und
warum manche eher zu dem einen, manche eher zu dem anderen Statement
neigen. Eine solche Pro- und Contra-Diskussion kommt auch in Gang, wenn
der Arbeitsgruppe nur ein Statement, wie z. B. „ich behandle Mädchen und
Jungen gleich" mit der Frage mitgegeben wird: „Was würden Sie einer Kollegin antworten, die diese Meinung vertritt?" (Miedaner 1994b).

Einstieg 3: Bilder von „weiblich"und „männlich"

Des öfteren haben wir auch Geschlechterstereotypen gesammelt; wir teilten
z. B. eine Wandzeitung durch einen senkrechten Strich, schrieben auf die
eine Seite „Mädchen/Frauen sind:" und auf die andere „Jungen/Männer
sind:" und forderten dann die TeilnehmerInnen auf, uns „ typische" Eigenschaften und Fähigkeiten zu nennen. Es dauerte meist nicht lange, bis beide
Seiten gefüllt waren. Dabei wurde oft gelacht, ebenso häufig gab es aber
auch Widerspruch: „ Nein, Mädchen sind auch mutig!" oder „ Jungen können auch sehr empfindsam sein". Doch nicht nur die Relativierung dieser

Stereotypen beschäftigte uns, sondern auch die Frage, warum sie uns so präsent sind, obwohl beispielsweise Stärke, Empfindsamkeit oder Mut keineswegs eindeutig auf das eine oder andere Geschlecht verteilt sind. Wir stellten fest, daß diese Stereotypen auch dann noch einen normativen Rahmen für unser Handeln abgeben, wenn wir sie längst durchschauen. Eine weitere wichtige Frage ist die nach der Bewertung dieser Stereotypen: Werden die der männlichen Seite zugeordneten Eigenschaften höher bewertet? Gibt es ein Machtgefälle zwischen den Geschlechtern? In einer Fortbildung mit SozialpädagogInnen versuchten wir, „ gute" von „ problematischen" weiblichen und männlichen Eigenschaften zu trennen – wobei sich Frauen und Männer erstaunlich einig waren.

Einstieg 4: Heiratsanzeigen

Angehende Kinderpflegerinnen erhielten in einem Seminar die Möglichkeit, sich der Geschlechterfrage über Heiratsanzeigen anzunähern: Die Teilnehmerinnen wurden in Gruppen eingeteilt. Jede Gruppe bekam ein Arbeitsblatt mit verschiedenen Heiratsanzeigen und einen Arbeitsbogen, auf dem aufgelistet werden sollte, wie sich die Frau den Mann und der Mann die Frau wünscht, aber auch, wie sich Mann und Frau jeweils selber sehen bzw. „verkaufen". Anschließend sollten die SchülerInnen Anzeigen entwerfen, in denen sie selbst einen Partner/eine Partnerin suchen (Burmeister u. a. 1978).

Einstieg 5: Faschingskostüme

Die TeilnehmerInnen bekommen die Aufgabe, sich den letzten Fasching in ihrer Kindergruppe vorzustellen: wie verkleideten sich die Mädchen, wie die Jungen? Welche Bilder von Weiblichkeit oder Männlichkeit wollten sie damit darstellen und welche Wünsche und Sehnsüchte drückten sie in ihrer Verkleidung aus? (Miedaner 1994a)

10.3. Informationen zur Geschlechtersozialisation

Ist die Zeit für die Fortbildung sehr kurz, kann ein Referat zur Geschlechtersozialisation gehalten werden, was mehr oder weniger ausführlich die im zweiten Kapitel dargestellten Inhalte behandelt. Besser ist es natürlich, zunächst in Erfahrung zu bringen, was die TeilnehmerInnen dazu bereits wissen und welche Fragen sie haben. Lore Miedaner bildete in ihrer Fortbildung Arbeitsgruppen zu der Frage, woher die Unterschiede kommen, die vorher bei der Stereotypensammlung herausgearbeitet worden waren. Die Arbeitsgruppen benannten schon so viele Faktoren der Geschlechtersozialisation, daß die Referentin nur noch zusammenzufassen und zu ergänzen brauchte. Wichtig ist dabei, einerseits die Breite und Vielfalt individueller Sozialisationsumwelten zu berücksichtigen, andererseits aber auch die gesellschaftlich vorgegebene Geschlechterordnung, die die individuellen Entwicklungsspielräume vor allem der Frauen spätestens im Berufsleben begrenzt.

Auf einer nur eintägigen Fortbildung wählte ich (d. Verf.) einen direkteren, aber auch viel engeren Zugang zur Geschlechtersozialisation: Ich bat die ErzieherInnen, in Einzelarbeit die Frage zu beantworten, was ihnen an Mädchen und Jungen jeweils gefällt und was sie stört. Bei der Auswertung entstanden dann an der Wandzeitung jeweils für Mädchen und Jungen Positiv- und Negativlisten. Bis auf Kreativität und Wißbegier, die bei beiden Geschlechtern positiv vermerkt wurden, waren die positiven wie die negativen Aussagen für Mädchen und Jungen sehr unterschiedlich. Doch die Diskussion entzündete sich nicht an der damit unterstellten Verschiedenheit der Geschlechter, sondern an der Beobachtung einer Erzieherin, daß die Negativliste für Mädchen nicht nur länger war, sondern auch abwertendere Begriffe enthielt, z. B. zickig, intrigant, gemein. Daraufhin gingen wir zuerst der Frage nach, wie es zu diesen Unterschieden im Verhalten und in der Bewertung kommt und kamen so auf geschlechtstypische Sozialisation zu sprechen. Wir stellten dann fest, daß auch viele von uns als Mädchen nicht gelernt hatten, selbstbewußt und offen mit Konflikten umzugehen und kamen darauf, daß die „Hintenrum-Taktik" den Mädchen vielleicht oft der einzige Ausweg für ihre Aggressionen zu sein scheint.

Ebenfalls auf spezielle Sozialisationserfahrungen von Erzieherinnen bezog sich Gottfried Bichsel in seiner Fortbildung zu „Jungen im Kindergarten", die er in Pforzheim (zusammen mit zwei Erzieherinnen) durchführte: Seine Eingangsfrage „Wie erlebe ich als Erzieherin Jungen in meinem beruflichen Alltag?" bringt den meisten Erzieherinnen „ zunächst die wilden, teilweise aggressiven ‚Rockertypen' ihrer Gruppen" ins Bewußtsein (1994: 34). Diese Jungen scheint es in allen Gruppen zu geben, in der Fortbildung zeigte sich aber, wie unterschiedlich die Bewertungen und Reaktionen der Erzieherinnen darauf sind. Der Austausch über die damit verbundenen Gefühle, die von Sympathie über Neid auf die ungebremsten Aktivitäten der Jungen bis hin zu Ärger über deren Kraftmeierei und Abwertung der Mädchen reichen, brachte Erleichterung, aber auch die Möglichkeit, die eigenen Reaktionen anhand des auf dem Seminar vertieften Wissens über die Sozialisation von Jungen kritisch zu überdenken.

10.4. BLICK IN DIE EIGENE GESCHLECHTSTYPISCHE GESCHICHTE

Die allgemeinen Ausführungen über geschlechtstypische Sozialisation sollten, wenn die Zeit es irgendwie zuläßt, durch einen Blick in die eigene Sozialisation ergänzt und mit der eigenen Person verbunden werden. Dabei können die TeilnehmerInnen der Frage nachgehen, wie sie zu den Frauen oder
Männern geworden sind, die sie jetzt sind, und was die eigenen Bewertungen
von und der Umgang mit Mädchen und Jungen mit ihrer eigenen Sozialisation zu tun haben.
So stellte Bichsel in der schon erwähnten Fortbildung den Teilnehmerinnen
die Frage, welche Erinnerungen sie an die Jungen haben, die sie als Kinder
kannten. Nach seiner Erfahrung tauchen Jungen in sehr verschiedenen Rollen auf, und die Erzieherinnen finden meist einen deutlichen Zusammenhang zwischen ihren Kindheitserinnerungen und der Art und Weise, wie sie
heute Jungen im Kindergarten und Hort erleben. Dies sei zum einen „als
Hinweis zu verstehen, daß sich an den traditionellen Rollenzuschreibungen
doch nicht viel Grundsätzliches verändert hat. Zum anderen können Bilder
aus der Kindheit die realitätsgerechte Wahrnehmung und die individuelle
Differenzierung erschweren" (Bichsel 1994: 35 f). Der Rückblick auf die eigene Geschichte und der Vergleich der verschiedenen Lebensgeschichten
kann zu einer Offenheit für Veränderungen und zu neuen Perspektiven führen.
Lore Miedaner und ich haben des öfteren mit „Reisen zurück in die eigene
Kindheit" gearbeitet. Die Anregungen für eine solche „gelenkte Erinnerung" wurden dabei von der Referentin entweder im Plenum vorgetragen,
oder sie wurden auf einem Arbeitsbogen zusammengestellt, den die TeilnehmerInnen dann für sich allein ausfüllen konnten und dessen Inhalte natürlich
auch nicht preisgegeben werden mußten. Wichtig ist bei diesen Erinnerungs-
reisen in jedem Fall, daß sie zu zentralen Punkten der eigenen Geschichte
führen, aber nicht überfrachtet sind und nicht zu lange dauern (maximal 20
Minuten).
Deshalb muß für eine solche „Reise" eine Auswahl aus den vielen relevanten
Aspekten getroffen werden. Diese kann sich etwa an speziellen Aspekten des
Fortbildungsthemas orientieren oder an der Erfahrung, daß über bestimmte
knifflige Punkte allzugern hinweggeredet wird.
Zudem ist es sinnvoll, auf dieser „Reise" nur bestimmte Altersstufen „anzu-
steuern", so etwa das Alter zwischen sieben und zehn Jahren und zwischen
vierzehn und sechzehn Jahren. Die Aufmerksamkeit der „Reisenden" kann
dann z. B. auf die Frage gelenkt werden, wie die Beziehung zu Vater und
Mutter oder zu etwa gleichaltrigen Mädchen und Jungen in diesen beiden
Altersphasen war, wer Vorbild und wer abschreckendes Beispiel für Weib-

lichkeit und Männlichkeit war. Die TeilnehmerInnen können sich auch darauf konzentrieren, was sie über den Unterschied und die Beziehungen – auch die sexuellen und Liebesbeziehungen – zwischen den Geschlechtern gelernt haben (s. Klawe/Bürgermann 1991: 72). Auch die Fragen „worauf war ich als Mädchen /als Junge stolz?" und „worunter habe ich gelitten?" (Sielert 1989: 30f), bezogen auf den Zeitraum der Pubertät, können die TeilnehmerInnen mitten in die eigene geschlechtstypische Geschichte hineinführen.

Nach diesen sehr „ich-nahen" Arbeitsabschnitten ist es wichtig, daß sich die TeilnehmerInnen zunächst in kleinen, vertrauten Gruppen austauschen. Im Plenum können dann wieder allgemeinere Fragen, zum Beispiel die Frage nach „Schlüsselsituationen" für die Festlegung auf das eine oder andere „soziale Geschlecht" herausgearbeitet werden. So benannten die Erzieherinnen in der Fortbildung von Lore Miedaner Situationen, in denen ihnen plötzlich deutlich wurde, daß sie nicht mehr als „halber Junge" durchgehen konnten, sondern plötzlich „doch nur ein Mädchen" waren.

Miedaner richtete den Rück-Blick ihrer SeminarteilnehmerInnen auch auf deren eigene Berufsfindung, um ihr Bewußtsein für Zusammenhänge zwischen Berufswahl und (weiblicher oder männlicher) Biografie zu schärfen: So erinnerten sich die TeilnehmerInnen daran, welche Berufswünsche sie in verschiedenen Altersstufen hatten, welche sie verwarfen und warum, wie schließlich die Entscheidung für den „typischen Frauenberuf" Erzieher/Erzieherin fiel und was sie an diesem Beruf positiv oder negativ sehen.

Diesem individuellen Werdegang wurde in Einzelarbeit nachgegangen. Das Plenum konzentrierte sich dann auf die Frage, warum Frauen so gerne Erzieherin und Männer so selten Erzieher werden. Dabei konnte auf die bereits erarbeitete Stereotypenliste zurückverwiesen werden: Die TeilnehmerInnen erkannten, daß Frauen in diesem Beruf viele positive, aber eben „typisch weibliche" Qualitäten realisieren, während Männer, entsprechend dem Überlegenheitsimperativ für ihr Geschlecht, bei der Berufswahl mehr auf Prestige, Macht und Geld achten (müssen?).

Alle bisher beschriebenen Arbeitsschritte zur Sensibilisierung für und zur Information über die Geschlechterthematik erleichtern es den TeilnehmerInnen, neue Perspektiven zu gewinnen: Zumindest bemerken sie, wie fest ihnen die Stereotypenbrille, durch die wir (fast) alle das Geschlechterverhältnis betrachten, auf der Nase sitzt. Vielleicht trauen sie sich auch, sie einmal abzusetzen oder die dicken Gläser zumindest durch weniger verzerrende zu ersetzen?

10.5. Beobachtung und Reflexion der eigenen Praxis

Ziel der Fortbildung ist außerdem, das Verhalten von Mädchen und Jungen, aber auch den eigenen Umgang mit ihnen unter der Geschlechterperspektive kritisch wahrzunehmen und neu zu bewerten. Ist die Fortbildung in zwei (oder mehr) Teile gegliedert, so können sich die ErzieherInnen am Ende des ersten Teils selbst Beobachtungsaufgaben stellen oder aus entsprechenden Vorschlägen auswählen. Lore Miedaner (1994b) schlug den TeilnehmerInnen ihres Seminars folgenden Beobachtungsschwerpunkt vor: „Mit welchen Kindern arbeite ich am liebsten, mit welchen fällt es mir am schwersten? Was für Eigenschaften und Fähigkeiten nehme ich an diesen Kindern wahr? Was hat mein Verhältnis zu diesen Kindern mit meiner Person zu tun?"
Im zweiten Fortbildungsteil berichteten die ErzieherInnen über ihre Beobachtungen, aber auch über Interviews, die sie mit Kindern aus ihrer Gruppe zu einigen Themen gemacht hatten. Eine hatte die im ersten Seminarteil gegebene Anregung zur Auflockerung der geschlechtstypischen Spielzeugzuordnung aufgegriffen (vgl. 9. Kapitel) und konnte von einem Erfolg berichten.
Die Wandzeitung zur Zusammenfassung all dieser Beobachtungen enthielt u. a. folgende Aussagen:
„Mädchen mögen Bewegung, aber keine Kampfspiele.
Mädchen lassen sich leichter in ihrem Verhalten einengen.
Eindeutig mädchenorientierte Spielzeuge sind auf Schönheit orientiert.
Bei eindeutig jungenorientiertem Spielzeug geht es um Kampf und Krieg.
Jungen spielen sich auf und fühlen sich in ihrer Gruppe zu konformem Verhalten gezwungen.
Jungen tun so, als könnten sie bereits alles und müßten nichts mehr lernen" (Miedaner, 1994b).
Das sind Aussagen, die manchen Ergebnissen unserer Befragung recht ähnlich sind. Letztere legen es im übrigen auch nahe, daß ErzieherInnen speziell das Konfliktgeschehen in ihrer Gruppe sowie den eigenen Umgang damit genauer beobachten.

10.6. Bestimmung eigener Ziele

Wie eingangs begründet, halten wir es für sinnvoll, in der Fortbildung die eigenen Ziele der TeilnehmerInnen und mögliche Handlungsansätze erst nach den bisher dargestellten Schritten zu thematisieren, damit diese auch persönlich „stimmen".

In der Fortbildung von Lore Miedaner gingen die TeilnehmerInnen nach der Diskussion ihrer inzwischen gemachten Beobachtungen der Frage „welche Ziele sind mir unter dem Gesichtspunkt Gleichberechtigung in meiner Hortarbeit wichtig?" zunächst in Einzelarbeit nach. Dann stellten Kleingruppen die Ziele, auf die sie sich einigen konnten, auf einer Wandzeitung zusammen, während kontroverse Ziele später im Plenum diskutiert wurden. Dabei zeigte sich: Die von den TeilnehmerInnen allgemein akzeptierten Ziele bezogen sich sowohl auf das konkrete Verhalten der ErzieherInnen in der Gruppe, als auch darauf, das eigene Rollenverhalten zu überprüfen und positive Modelle zu bieten. Strittig war dagegen die Einrichtung reiner Mädchen- und/oder Jungengruppen.

Auf einer von Marianne Kokigei und Fritz Richtermeier (1992) geleiteten Fortbildung zu „Kleine Helden in Not" (zu der sich übrigens kein einziger Mann angemeldet hatte, obwohl es vor allem um Jungen ging), näherten sich die Erzieherinnen den eigenen Zielen dadurch an, daß sie in Kleingruppen und dann im Plenum unter der Überschrift „Toller Mann" oder „Tolle Frau" zusammentrugen, wie sie sich denn die Qualitäten beider Geschlechter eigentlich wünschen. Dabei wurde deutlich, daß es „ sehr viele gemeinsame, geschlechterübergreifende Erwartungen in den auf Zukunft orientierten Rollenentwicklungen" (a. a. O.: 5) von Mann und Frau gab. Fazit war aber auch, daß sich Frauen und Männer (und ebenso Mädchen und Jungen) auf die genannten Ideale „aus völlig unterschiedlichen Richtungen" zubewegen müssen (a. a. O.: 8).

Solche Sammlungen und der Vergleich beider Eigenschaftslisten können auch dazu genutzt werden, sich bewußt zu machen, wo wir uns von Mädchen oder Jungen Widersprüchliches wünschen: Sollen sie etwa einerseits sensibel und mitfühlend, andererseits aber auch willensstark und kämpferisch sein, ohne daß Erwachsene für sich selbst und die Kinder eine Verbindung zwischen diesen beiden Polen schaffen?

In meinen Fortbildungen stellte sich zudem des öfteren heraus, daß sich die Erzieherinnen zwar die Mädchen auch selbstbewußt und kämpferisch wünschten, ihnen im Alltag aber sehr viel weniger offene Aggressionsäußerungen zugestehen als den Jungen: Das erste Ziel für ErzieherInnen kann also auch sein, das eigene Denken und Handeln mehr in Einklang zu bringen!

Nachdem im Seminar die Zielperspektiven entwickelt worden sind, gilt es, persönliche Prioritäten setzen: Auf welche oder welches dieser Ziele soll sich die eigene Arbeit als erstes konzentrieren?

10.7. Umgang mit Stolpersteinen

Aufgabe von Fortbildung ist weiter die exemplarische Arbeit an Umsetzungsmöglichkeiten von Zielperspektiven in konkretes Handeln und die Bearbeitung möglicher Stolpersteine. Hier haben sich Rollenspiele bewährt, in denen Situationen aufgegriffen werden, die Erzieherinnen im Zusammenhang mit dem Lernziel Gleichberechtigung Probleme machen. So wurde auf der zweiteiligen Fortbildung folgende Situation durchgespielt:

„Drei Mädchen sind alleine im Turnraum, den sonst die Jungen meist für sich haben. Trotzdem beanspruchen zwei Jungen den Turnraum jetzt für sich, zumindest wollen sie mit im Raum sein. Die Mädchen möchten aber alleine bleiben. Mädchen und Jungen können sich nicht einigen. Die Mädchen oder die Jungen wenden sich in diesem Konflikt an die Erzieherin..." (Miedaner 1994a)

Auf einer von mir durchgeführten Fortbildung gab ich in etwas abgewandelter Form Situationen vor, wie sie bei Verlinden (1991: 38f.) aufgeführt sind, z. B. „Jungen und Mädchen spielen Flugzeug. Erika möchte auch mal Pilotin sein, die Jungen aber behaupten, Frauen könnten kein Flugzeug lenken und geben Erika keine Chance. Erika zieht sich zurück." Die Rollenspiele liefen dann so ab, daß ErzieherInnen sowohl die Rollen der Mädchen und Jungen als auch der Erzieherin übernahmen und hinterher berichteten, wie es ihnen dabei gegangen war, ob sie sich etwa als Mädchen von der Erzieherin unterstützt gefühlt hatten, ob sie diese selber als hilflos und die Jungen als „Sieger" erlebt hatten. So stellten Erzieherinnen fest, daß sie sich in der Rolle der Mädchen zwar massiv wehrten, das aber von den Jungen trotzdem nicht respektiert wurde. Sie hatten so „am eigenen Leibe" erfahren, daß Mädchen tatsächlich mehr Unterstützung von der Erzieherin brauchen, um zu ihrem Recht zu kommen.

Meistens wurden verschiedene Lösungsvorschläge von verschiedenen TeilnehmerInnen durchgespielt. Dies nicht nur, um schließlich zu einer befriedigenden Lösung zu kommen, sondern auch, weil es – u. a. abhängig von der jeweiligen Persönlichkeit der Erzieherin – verschiedene mögliche Lösungen gibt: So reagierte eine Erzieherin sehr spontan und persönlich auf einen Jungen, der eine Höhle mit den Worten „die Scheißmädchen kommen hier nicht rein" allein für die Jungen reklamierte: Sie vertrieb den Jungen aus der Höhle und verbot ihm, sie an diesem Tag noch einmal zu betreten, „damit du merkst, wie das ist, wenn du etwas nur deshalb nicht darfst, weil du ein Junge bist!". Andere Erzieherinnen meinten, sie hätten sich nicht so persönlich betroffen gefühlt und den Jungen zwar auch zur Rede gestellt, wären aber dabei „pädagogischer" vorgegangen.

Soviel zu den Fortbildungen zum Thema Mädchen und Jungen im Hort. Natürlich wäre es schön, wenn solche Fortbildungen durch Fachberatung, Supervision, weitere Fortbildungen vertieft werden könnten!

11. Fachberatung:
Anstöße geben und Netzwerke knüpfen

Lore Miedaner und ich machten auch Interviews mit Fachberaterinnen aus Kassel, Kiel und Pforzheim, die sich für mehr Gleichberechtigung in Kindertagesstätten engagieren. Wir fragten sie u. a., welche Möglichkeiten und Probleme sie für Fachberatung sehen, emanzipatorische Arbeit in Horten bzw. in Kindertagesstätten zu verankern und zu vernetzen. Zunächst einmal: Die drei Fachberaterinnen bestätigen die Erfahrung ihrer Kollegin Doris Beneke (1992), daß ErzieherInnen nur schwer für die Auseinandersetzung mit der Geschlechterfrage zu gewinnen sind. Dafür nannten sie viele der im ersten Kapitel aufgeführten Gründe. Auch für andere ihnen bekannte Fachberaterinnen sei Gleichberechtigung kein wichtiges Thema.

Was tun nun die Fachberaterinnen, um das Interesse von Erzieherinnen an dieser Frage zu wecken oder zu unterstützen? Wichtig war allen, den Erzieherinnen nichts „überzustülpen" und nicht „mit Parolen durch die Lande zu ziehen". Es soll auch „niemand Angst kriegen, daß es jetzt gegen die Jungen geht". Wieviel Fingerspitzengefühl hier nötig ist, erfuhr die Kieler Fachberaterin, als sie auf einem der regelmäßigen Erzieherinnentreffen die Ergebnisse einer Studie vorstellte, die im Auftrag der Kieler Gleichstellungsstelle in verschiedenen Jugendhilfeeinrichtungen der Stadt zum Thema „Gleichberechtigung" durchgeführt worden war (Wolf/Wrage/Schulze-Thiemig 1990). Die Studie stieß neben Interesse auch auf heftige Ablehnung: Manche Erzieherinnen bestritten, daß die Benachteiligung von Mädchen so kraß sei, wie die Forscherinnen sie darstellten, andere schienen sich durch diese Ergebnisse in ihrer Arbeit persönlich angegriffen zu fühlen. Allen Fachberaterinnen ist wichtig, daß Erzieherinnen selbst Tempo und Ausmaß ihrer Auseinandersetzung mit dem Thema Gleichberechtigung bestimmen. Damit das möglich ist, so die Fachberaterin aus Kassel, müsse man das Thema „ständig im Hinterkopf haben" und es bei passender Gelegenheit in die Diskussionen der Teams in den Einrichtungen einbringen. Die Fachberaterin kann zum Beispiel:

(a) die Frage aufwerfen, was es mit der männlichen Rolle zu tun haben könnte, daß es bei Fallbesprechungen so oft um aggressive Jungen geht;

(b) anknüpfend an die Diskussionen um sexuellen Mißbrauch das Geschlechterverhältnis allgemein thematisieren;

(c) zu Fragen der Spielpädagogik eigene Beobachtungen geschlechtstypischen Spielverhaltens einbringen und das Team zu weiteren Beobachtungen anregen;

(d) Bücher empfehlen oder Bücherlisten verteilen, die Geschlechtsrollen und -verhältnisse in alternativer Form darstellen;
(e) bezüglich der Raumgestaltung anregen, Puppen- und Bauecke durch andere attraktive Spielecken zu ersetzen, sowie Mädchen- und Jungenräume zuzulassen oder bewußt zu fördern;
(f) bei der Erstellung einer Konzeption für eine Einrichtung auf die Bedeutung der Geschlechterfrage hinweisen und ihr Wissen dazu einbringen;
(g) wenn es um (Kritik an) berufstätige(n) Mütter geht, die Doppelbelastung von Müttern zu einem Thema machen, das viele Erzieherinnen auch selber betrifft (s. nachfolgenden Exkurs);
(h) bei berufspolitischen Diskussionen den ErzieherInnenberuf als typischen Frauenberuf problematisieren.

Durch diese und andere inhaltliche Anknüpfungspunkte können sich Erzieherinnen so an die Geschlechterfrage annähern, daß sie zumindest für einige von ihnen auch persönlich wichtig wird und sie sich intensiver damit auseinandersetzen.

Doch die Fachberaterinnen bringen dieses Thema nicht nur in den einzelnen Einrichtungen zur Sprache, sondern machen auch Angebote, die eine Vernetzung von interessierten Erzieherinnen aus verschiedenen Einrichtungen fördern: Sie stellen die Geschlechterfrage in Tagesstätten-Leitungsrunden und Arbeitskreisen von Erzieherinnen zur Diskussion und organisieren und/oder leiten Fortbildungen dazu. Daran können sich Arbeitskreise anschließen, die dann auch für weitere Interessierte offen sind.

Sind einzelne Erzieherinnen zudem bereit, sich über ihr Team hinaus für dieses Thema zu engagieren und eigene Erfahrungen mit emanzipatorischer Arbeit in Leitungsrunden, Arbeitskreise und Fortbildungen einzubringen, dann kommt das nach Erfahrung der Fachberaterin aus Pforzheim bei den anderen Erzieherinnen „ganz anders an, weil das aus dem eigenen Kreis und der eigenen Praxis kommt". Dann wird klar, daß das nichts ist, „was sich vielleicht ein paar exotische Frauen ausgedacht haben" (s. auch den folgenden Exkurs).

Auf unsere Frage nach günstigen und ungünstigen Bedingungen für die Verbreitung emanzipatorischer Geschlechterarbeit in Horten und die Vernetzung von darin engagierten Erzieherinnen untereinander sowie mit Fachschulen und Einrichtungen für Mädchen und Frauen in der Region nannten die Fachberaterinnen einhellig: Eine gute personelle und räumliche Ausstattung der Einrichtungen, damit „die Strukturen nicht so oft das Gegenteil von den pädagogischen Absichten" sind, wie die Kieler Fachberaterin bedauert, die die Rahmenbedingungen in den Horten dafür mitverantwortlich macht, daß dort nicht häufiger Mädchenarbeit angeboten wird. Die Fachberaterin aus Kassel betont zudem, wie wichtig es ist, daß Erzieherinnen relativ selbständig arbeiten können: „Wenn die ganze Struktur der Einrichtung ... so ist, daß die Erzieherinnen eigentlich nur die dummen Mädchen sind, die im Auftrag auf die Kinder aufpassen, dann sind sie kein positives Modell ..." Damit aber Erzieherinnen sich nicht – in der typischen Frauenrolle – lediglich an die vielerorts mangelhafte Ausstattung der Horte anpassen und versuchen müssen, das Beste daraus zu machen, ist noch viel mehr Engagement und Vernetzung der Frauen „an der Basis" notwendig, aber auch ein entsprechendes Bewußtsein von Männern in Planungs- und Entscheidungsfunktionen. An dem folgenden Bericht aus Pforzheim soll deutlich werden, wie das ein Stück weit gelingen kann.

11.1. EXKURS
Silvia Beisteiner, Renate Engler, Stefanie Kieffer

Pforzheim: Wenn Frauen einen Schneeball ins Rollen bringen ...

Wie so oft bei gesellschaftlich wichtigen Themen haben mehrere parallel verlaufende Entwicklungen in Pforzheim dazu geführt, daß die Sensibilisierung für das, was Mädchen und Jungen unterscheidet und verbindet, vor den Kindertagesstätten nicht halt gemacht hat. In Pforzheim „erkämpften" Frauen ein Frauenhaus und ein Frauenzentrum; Frauengruppen forderten erfolgreich eine kommunale Frauenbeauftragte; Fachfrauen und Frauenvereine gründeten den Verein Lilith e.V., der eine Beratungsstelle für sexuell mißbrauchte Mädchen und Jungen mit einem Mädchentreff einrichtete. An all diesen Aktivitäten waren Erzieherinnen, Sozialpädagoginnen aus dem Jugendamt und ab 1988 die Fachberaterin für kommunale Kindertagesstätten aktiv beteiligt.
Die Auseinandersetzung mit der gesellschaftlichen Benachteiligung von Frauen, die ihre Zuspitzung in den Themen Gewalt gegen Frauen und sexuellen Mißbrauch an Mädchen und Jungen findet, mußte konsequenterweise Eingang in präventive pädagogische Konzepte für die Kindertagesstättenarbeit finden. Da die Fachberaterin, die als Pädagogin den ältesten und noch heute bestehenden Mädchentreff in Frankfurt mitaufgebaut hat und von daher elf Jahre Erfahrung in Fragen der Geschlechtersozialisation in ihr neues Aufgabengebiet einbrachte, lag es natürlich nahe, nach Anknüpfungspunkten zu suchen. Zur gleichen Zeit arbeitete eine städtische Kindertagesstätte an ihrer schriftlichen Konzeption. Bei dem Thema „Rollenverhalten von Mädchen und Jungen" kamen die Erzieherinnen in ihrer Diskussion nicht weiter und holten sich Unterstützung von der Fachberatung.

Aus dieser Zusammenarbeit entstanden 1990 u. a. Soziogramme über Spielkontakte im Kindergarten und ein Elternabend. Damit war eine Verbindung von gegenseitigen Interessen zum Nutzen der pädagogischen Praxis hergestellt.

Wenn ein Schneeball ins Rollen kommt

Seit 1991 treffen sich zwei Hort-Teams aus zwei verschiedenen städtischen Einrichtungen, zeitweise unter Beteiligung der Fachberaterin, um sich über Praxisfragen auszutauschen. Interessiert an der Geschlechterfrage und sensibel für die unterschiedlichen Bedürfnisse von Mädchen und Jungen, greifen sie die Anliegen der Kinder auf und suchen nach emanzipatorischen Konzepten für ihre Praxis.

Aus dieser Zusammenarbeit entstanden bisher eine Fülle von Anregungen, konkreten Projekten, aber auch Unsicherheiten, die 1992 in dem Aufsatz „Arthur lebe wild und gefährlich, Mariechen sei lieb und ehrlich" zusammengefaßt wurden (s. auch Miedaner u. a. 1993). Dieser Erfahrungsbericht wurde im November 1992 in der Leitungsrunde von zwei der Autorinnen mit Erfolg zur Diskussion gestellt. Beide Kolleginnen stellten darüber hinaus ihr Wissen in Arbeitskreisen zur Verfügung und übernahmen Referentinnentätigkeiten bei einer Fortbildungsveranstaltung zum Thema „Jungen-Sozialisation" (s. Bichsel 1994). Aus dieser Fortbildung entstand ein weiterer Arbeitskreis, der u. a. an folgenden Fragestellungen arbeitet:

(a) Kindertagesstätte – ein durch Erzieherinnen weiblich geprägter Ort – ein Ort für Mädchen?

(b) Raum- und Spielausstattung – finden sich Mädchen- und Jungeninteressen wieder?

(c) An welchen Vorbildern orientieren sich Mädchen/Jungen?

(d) Was halten Mädchen und Jungen voneinander? Dazu wurde ein Fragebogen entwickelt, mit dem Mädchen und Jungen befragt wurden.

(e) Außenseiterrollen von Mädchen und Jungen.

(f) Welches Frauenbild transportiert die Erzieherin in die Kindertagesstätte?

Innerhalb des Amtes für Jugend und Familie wurde der § 9, Abs. 3 KJHG zur Gleichberechtigung von Mädchen und Jungen sehr ernst genommen und als Auftrag, Umsetzungsmöglichkeiten zu entwickeln, aufgegriffen. Sowohl in der schriftlichen Konzeption der Abteilung Kindertagesstätten als auch in dem zusammen mit Freien Trägern und Erzieherinnen erarbeiteten Kindertagesstättenentwicklungsplan finden sich dazu Selbstverpflichtungen und Empfehlungen.

Im qualitativen Teil des Kindertagesstättenentwicklungsplanes steht die „Gleichberechtigung von Mädchen und Jungen" unter den „Spezifischen pädagogischen Aufgabenstellungen" an erster Stelle. Im Jugendhilfeausschuß im Juni 1994 fand dazu eine lebhafte, konstruktive Diskussion statt, bei der der Sozialdezernent vorschlug, neuere Erkenntnisse über die Koedukation zu einem Schwerpunktthema zu machen. Infolge einer Anfrage zu speziellen Angeboten für Mädchen und Jungen ist zudem die geschlechtsspezifische Differenzierung bei der Erstellung von Statistiken zumindest in städtischen Kindertagesstätten selbstverständlicher geworden.

Kooperationsstrukturen, die förderlich sind

Fortbildung, Selbständigkeit der Einrichtungen und gegenseitiger Austausch haben seit jeher im Amt für Jugend und Familie einen hohen Stellenwert. Von daher konnte sich auch ein gut organisiertes Kommunikations- und Fortbildungsangebot in den städtischen Kindertagesstätten entwickeln: (a) In fünf selbstorganisierten Arbeitskreisen, die über einen kleinen Etat verfügen, können alle städtischen ErzieherInnen einschließlich der Berufs- und VorpraktikantInnen selbstgewählte Themen erarbeiten und dazu auch ExpertInnen hinzuziehen. Es werden SprecherInnen gewählt, die sich mehrmals im Jahr mit der Fachberatung treffen.
(b) Die städtischen Fachkräfte haben die Möglichkeit, maximal zehn Tage jährlich an amtsinternen wie an externen Fortbildungsangeboten teilzunehmen.
(c) Das amtsinterne Fortbildungskonzept wird jährlich von der Fachberatung in Absprache mit den MitarbeiterInnen in den Kindertagesstätten koordiniert und zum Teil auch selbst durchgeführt: Es umfaßt in der Regel sowohl themen- als auch zielgruppenorientierte Angebote, die für alle pädagogischen Fachkräfte offen sind. Bewährt hat sich die Vertiefung eines Schwerpunktthemas durch einen sich anschließenden Arbeitskreis für ein Jahr, begleitet von der Fachberatung. Hauswirtschaftskräften wird ebenfalls eine Fortbildung ihrer Wahl ermöglicht.
(d) In der monatlichen, ganztägigen Kindertagesstätten-Leitungsrunde werden von Leiterinnen, Abteilungsleiter und Fachberaterin grundsätzliche Themen behandelt. Diese Runde besteht jeweils aus einem Dienstbesprechungs- und einem Fortbildungsteil.
(e) Der gleiche Personenkreis hat bei den jährlich stattfindenden dreitägigen Klausurtagungen (meist außerhalb Pforzheims) die Möglichkeit, neue Konzepte und grundlegende Weichenstellungen für die pädagogische Praxis gemeinsam und unter Einbeziehung externer ReferentInnen zu erarbeiten und abzustimmen.

(f) Zu aktuellen Themen werden für eine begrenzte Zeit Arbeitsgruppen eingerichtet, an denen Leiterinnen, ErzieherInnen, Fachberaterin und Abteilungsleiter je nach Bedarf teilnehmen.

Dieses Kommunikations- und Qualifizierungsnetz hat seine Qualität vor allem darin, daß in verschiedenen Zusammensetzungen und auf mehreren Ebenen Informationen, Erfahrungen, Theorie und Praxis transportiert, gestreut, rückgemeldet und wieder vertieft werden können.

Das Thema Mädchen- und Jungensozialisation steht inzwischen in all diesen Gremien, Arbeitskreisen und Fortbildungen immer wieder auf der Tagesordnung, wobei die Form der Bearbeitung sich jeweils nach der Zielgruppe richtet. So ging es auf der Klausurtagung im Oktober 1991 um eine grundlegende kritische Reflexion der Koedukation. In den Arbeitskreisen stehen eher Informationen über Erkenntnisse der Entwicklungspsychologie und Sensibilisierung für geschlechtstypisches Verhalten und die eigenen Einstellungen dazu im Vordergrund.

Die Erzieherinnen erleben die Diskussionen, Reflexionen, den Austausch mit anderen und das themenbezogene Fortbildungsangebot als sehr wichtig, gab es doch immer wieder Verunsicherungen, Fragen und neue Ideen, die besprochen sein wollten. Geschlechtsspezifische Erziehung wurde mehr und mehr zu einem Thema, das nicht zu übergehen ist, sondern sogar Eingang fand in Arbeitskreise mit anderen Schwerpunkten, wie z.B. Raumgestaltung.

Wieviel Quadratmeter braucht die Gleichberechtigung?

Die räumlichen Voraussetzungen für emanzipatorische Arbeit sind in Pforzheim günstig: Seit 1986 wurde in den städtischen Kindertagesstätten ein Raumprogramm mit drei Räumen gefordert und für fast alle Hortgruppen umgesetzt. Vier Quadratmeter pro Kind lautet der stadtinterne Eckwert. Dieses Raumkonzept und die Reduzierung der Gruppenstärke auf 18 Kinder hat die Hortarbeit erheblich qualifiziert. Die individuelle Förderung der unterschiedlichen Interessen von Schulkindern kann sich nun auch räumlich in Gestaltung und Nutzung niederschlagen. Geschlechtstypische Vorlieben und Aktivitäten können sich entfalten, differenzieren und freiwillig verbinden. Jetzt ist Platz für die wirklich wichtigen Auseinandersetzungen zwischen Mädchen und Jungen, die allein durch die Enge bedingten Reibungspunkte fallen weg (s. auch Miedaner u. a. 1993).

Veränderung der Praxis in immer mehr Kindertagesstätten

Mit Aug' und Ohr bei den Kindern

Die Auseinandersetzung mit dem Thema der geschlechtsspezifischen Erziehung blieb nicht bei der theoretischen Diskussion stehen, sondern fand in der Praxis ihre Umsetzung. Wenn man als Erzieherin erst mal „Aug' und Ohr" in diese Richtung gelenkt hat, erkennt man, daß es bei dem Zusammensein von Mädchen und Jungen im Alltag um ein feinnuanciertes „Spiel" geht, das oft handlungsleitend ist oder zumindest alles beeinflußt. Was bedeutet es zum Beispiel für den Kindertagesstättenalltag, wenn Mädchen meinen, keinen Raum zu haben? Wenn Jungen immer als „Störenfriede" gelten? Wenn keine Möglichkeit zum Ausweichen besteht, wenn man etwas oder jemanden gerade „richtig blöd" findet?

Es ist für eine Erzieherin nicht leicht zu akzeptieren, daß Kinder – und speziell Jungen und Mädchen – sich (voneinander) abgrenzen wollen, sich zurückziehen, eigene Wege gehen. „Wo bleibt denn da die Gruppe und die Harmonie?" Doch mit „Aug' und Ohr" bei den Kindern stellt man bald fest, daß „Gruppe und Harmonie" für sie oft andere Dimensionen haben als für die Erzieherinnen. Wenn die Kinder das Gefühl haben, ernst genommen zu werden, sind sie auch – zumindest im Hortalter – in der Lage, dies zu formulieren.

Endlich ein eigener Raum

Besonders die Mädchen fallen hier immer wieder als richtungweisend auf. So waren sie es, die in einer Hortgruppe anregten, getrennte Zimmer für Jungen und Mädchen einzurichten. Die Erzieherinnen stimmten diesem Projekt zu, und so wurde das bisherige Lernzimmer sowie Puppen- und Bauecke aufgelöst, Spielmaterialien nach Wunsch der Kinder verteilt und die „neuen" Räume bezogen. In einer anderen Einrichtung bekamen die Kinder durch Schilder („Betreten verboten"), durch bestimmte Regeln, die sie selbst miterstellten (wer spielt wann wo?) sowie durch getrennte Angebote für Mädchen und Jungen die Möglichkeit, sich voneinander abzugrenzen. In beiden Gruppen wurden diese Angebote stark genutzt und hatten deutliche Auswirkungen auf das Gruppenleben (s. Miedaner u. a. 1993). Einer der wichtigsten Gedanken dabei war, das Kind als Individuum (an)zuerkennen, es in seiner Gesamtpersönlichkeit zu entdecken und dabei das Geschlecht als zentralen Punkt zu verstehen.

Mädchenpower im Mädchentreff

Durch den Mädchentreff des Vereins Lilith wurde Mädchenarbeit auch räumlich institutionalisiert. An den dort stattfindenden Mädchenfesten konnte eine rege Beteiligung von Gruppen aus einigen Horten vermerkt werden. Die Wirkung war wechselseitig: Einerseits gewann der Mädchentreff an Bekanntheit und gleichzeitig wurde der in den Kindertagesstätten eingeschlagene Weg unterstützt. Mädchen wie Jungen konnten erleben, daß Frauen sich auch andernorts mit diesem Thema beschäftigen und es wichtig nehmen.

Die Mädchen bekamen durch den Mädchentreff einen neuen Kontakt- und Anlaufpunkt. Dies wurde unterstützt, indem in dessen Räumlichkeiten von zwei Erzieherinnen eine Mädchen-Tanz-AG angeboten wurde.

Die bald darauf stattfindenden Selbstverteidigungskurse wurden von vielen Mädchen selbständig und selbstverständlich besucht. Dadurch wurden wiederum Mütter aufmerksam, die sich hier selbst auf die eine oder andere Weise angesprochen fühlten.

Jungen vor, dann ein Tor

Die Kindertagesstätten entdeckten, daß es Möglichkeiten zur Zusammenarbeit gibt. So wurde von zwei Erzieherinnen aus verschiedenen Einrichtungen eine Jungen-Fußball-AG gegründet, an der 7- bis 14jährige Jungen aus drei Hortgruppen teilnahmen. Drei wichtige Aspekte für die Jungen waren dabei, daß sie Gelegenheit hatten, auf eine ihnen vertraute Weise Kontakt zu anderen zu bekommen und dabei Raum, Zeit und Bewegung zu haben, zudem konnten sie Frauen hier in einer untypischen Rolle erleben.

Seit sich Mädchen und Jungen so voneinander abgrenzen dürfen, kann man immer wieder beobachten, daß sie nie ganz den Kontakt zueinander verlieren, ihn sogar bewußt wieder suchen. Um nur ein Beispiel zu nennen: einige Jungen wünschen sich inzwischen eine „gemischte" Fußball-AG. Offensichtlich fällt ein Ja zueinander wesentlich leichter, wenn einem die Möglichkeit zum Nein den Rücken stärkt.

Wo Kinder sind, sind Frauen … und wo sind die Männer?

In den 17 städtischen Kindertagesstätten arbeiten zur Zeit ca. 160 pädagogische Fachkräfte, nur vier davon sind Männer. Dieses Verhältnis hat sich in den letzten sechs Jahren nicht wesentlich verändert.

Die Tatsache, daß das Berufsfeld der Erzieherin ein Frauenarbeitsplatz ist, auf dem sich Berufsfrauen, Mütter und Kinder begegnen, wurde zu verschiedenen Anlässen thematisiert und führte zu strukturellen Veränderungen:

(a) 1989 organisierte die Fachberaterin einen Austausch der männlichen Fachkräfte unter der Überschrift: „Selbstverständnis der männlichen Erzieher in der Arbeit mit Kindern".

(b) 1990 initiierte die Frauenbeauftragte ein Hearing zur „Situation der berufstätigen Frauen in Pforzheim". Daran beteiligten sich städtische Erzieherinnen mit einer Darstellung der verschiedenen Sichtweisen von Erzieherinnen, Müttern und Kindern und ihrer unterschiedlichen Erwartungshaltungen aneinander.

(c) 1992 fand eine Gesprächsrunde mit Erzieherinnen, die selbst Mütter sind, zum Thema „Konkurrenz zwischen Erzieherinnen und Müttern" statt (s. Engler 1993).

(d) Mit Teilzeitkräften gab es 1992 einen Austausch über die Erfahrungen mit der Verbindung von Beruf und Familie und der Situation im Team.

(e) Alle städtischen Kindertagesstätten werden von Frauen geleitet. 1988 wurde ein neues Kapitel der Frauenförderung bei Leitungspositionen im Kindertagesstättenbereich aufgeschlagen: Die Amtsleitung will weibliche Führungskräfte nicht dafür bestrafen, daß sie wegen ihrer Kinder nicht voll arbeiten. Auf einer Klausurtagung wurden Kriterien für erfolgversprechende Teilzeitleitung entwickelt. Inzwischen gibt es in drei Kindertagesstätten Leiterinnen, die 25 Wochenstunden arbeiten und denen noch eine Berufspraktikantin zugeordnet ist. Positive Erfahrungen mit einer gleichberechtigt geteilten Leitung liegen ebenfalls vor. Modelle dieser Art werden von der Fachberatung begleitet.

(f) In den Gruppen arbeiten zwei Erzieherinnen gleichberechtigt, es gibt keine Aufteilung in Gruppenleitung und Zweitkraft. Somit ist dies ein Bereich, wo die Frauen „die Macht haben". Dies kann für die pädagogische Praxis nutzbar gemacht werden. Mädchen können sich hier Vorbilder suchen, Jungen erleben Frauen sowohl professionell „mütterlich" als auch formal als „Chefinnen". Das Fehlen der männlichen Bezugspersonen für die Jungen und die Mädchen kann von den Erzieherinnen nicht ausgeglichen werden, dies muß allen bewußt sein und deutlich an die Kinder rückvermittelt werden.

(g) Fachberatungspositionen sind ebenfalls fest in Frauenhand. In Baden-Württemberg gibt es keinen kommunalen Fachberater. Allerdings haben die Probleme mit der Aufgabenfülle und Vielschichtigkeit der Fachberatung auch etwas mit der Geschichte dieses Frauen-Arbeitsfeldes zu tun (s. Engler 1994). Dieser Zusammenhang wird Thema auf dem bundesweiten Fachberatungskongreß im Oktober 1995 in Berlin sein. Wichtig für die Auseinandersetzung mit der Gleichberechtigung von Mädchen und Jungen ist die Einbeziehung der Realitäten und objektiven Strukturen des gesamten Arbeitsfeldes Kindertagesstätten. Eine Diskussion, die sich ausschließlich auf die pädagogischen Fragen konzentriert, greift zu kurz und bliebe unglaubwürdig.

Ein Blick in die (nahe) Zukunft

Rufe nach einem Jungentreff

„Das finde ich ungerecht und gemein. Für die Mädchen gibt es einen Mädchentreff und für uns nichts. Eigentlich müßte es ja auch einen Jungentreff geben." Diese und weitere Aussagen von Jungen zweier Hortgruppen haben uns zum Nachdenken gebracht. Doch allein dabei soll es nicht bleiben. Durch ein gemeinsames Treffen der Jungen werden wir ihnen ermöglichen, ihren Vorstellungen und ihrem Ärger in Form eines Briefes Gehör zu geben. Geplant ist, diesen Brief an alle Männer in entsprechenden verantwortlichen Positionen der Stadt weiterzuleiten. Was das bewirken wird, können wir nicht abschätzen. Aber wir sind gespannt!

Eine Dokumentation entsteht

Einer der Arbeitskreise zur geschlechtsspezifischen Sozialisation will seine Arbeit in einer Dokumentation zusammenfassen, die über eine Vorstellung in der Leitungsrunde Eingang in die weiteren Strukturen des Amtes finden wird.

Verankerung des Geschlechterthemas in der Konzeption und
Ausweitung der Thematik in den Kindertagesstätten

Seit einiger Zeit befassen sich die städtischen Kindertagesstätten mit der Erstellung ihrer schriftlichen Konzeptionen. Auch hier gibt es bereits erste Ansätze von geschlechtsspezifischen Zielsetzungen.
Je mehr Erzieherinnen für die Thematik der Gleichberechtigung von Mädchen und Jungen sensibel werden, um so größer ist die Chance der Umsetzung in den Kindertagesstätten. Eine Möglichkeit der Sensibilisierung stellt das Angebot einer weiteren Fortbildung dar, die wir amtsintern für das Kindertagesstättenjahr 1995/96 organisieren und anbieten wollen.

Ausbau der Vernetzung

Es sind, wie bereits erwähnt, nicht viele Frauen (und noch weniger Männer), die sich mit geschlechtstypischer Sozialisation auseinandersetzen. Gerade deshalb ist es wichtig, die Vernetzung weiter auszubauen. PRIMA (Pforzheimer Initiative für Mädchenarbeit, ein Zusammenschluß von Frauen aus der Jugendarbeit) wird für uns eine der nächsten Kontaktadressen sein. Wir versprechen uns davon eine Erweiterung der mädchenspezifischen Angebote in den Stadtteilen und eine Arbeitsteilung.

Resümee

Die personelle Kontinuität von Frauen, die offen für die Thematik Gleichberechtigung von Mädchen und Jungen sind, ist die wichtigste Grundlage für den weiteren Umsetzungsprozeß der pädagogischen Praxis. Man braucht sozusagen einen „Pool", aus dem heraus sich Frauen in die verschiedenen Aktivitäten wie Fortbildung, Projekte mit Kindern, Mitgestaltung von Mädchenfesten und Jugendhilfeplanung einschalten.
Die Ausweitung dieses Pools muß gepflegt werden, möglichst interdisziplinär und trägerübergreifend. Dazu bieten der Verein Lilith und PRIMA gute Möglichkeiten.
Entscheidend für den Kindertagesstättenbereich ist es, daß das Thema weiter in allen Arbeitskreisen und Gremien selbstverständlich präsent bleibt. Die Durchführung konkreter Projekte sowohl für Mädchen als auch für Jungen hat zu einer starken Resonanz und Akzeptanz entscheidend beigetragen. Die positiven Auswirkungen waren im Alltag spürbar und konnten nachhaltiger überzeugen als jede theoretische Auseinandersetzung. Selbst nach nun jahrelanger Beschäftigung mit der Geschlechterfrage ist strukturell allein durch neues Personal ein Neuanfang immer wieder notwendig. Neue Kinder verändern zudem die Gruppensituation und wieder fängt es von vorne an. Rückendeckung ist nötig für das sensible Thema der Gleichberechtigung. Spitze Bemerkungen, Verächtlichmachung, Gekränktsein begleiten immer noch die Diskussionen in gemischtgeschlechtlichen Runden. Um so nötiger ist es, sich den Auftrag durch das KJHG klarzumachen und die Unterstützung durch die Leitungskräfte zu sichern.
Hilfreich für Pforzheim waren der Kontakt zum Deutschen Jugendinstitut und die Veröffentlichungen in der Zeitschrift „Theorie und Praxis der Sozialpädagogik". Dies hat motiviert und die individuelle regionale Arbeit in einen breiteren und wissenschaftlichen Zusammenhang eingebettet.
Gleichwohl bleibt die Erfahrung, daß es nicht die Mehrheit der Frauen ist, die sich für Gleichberechtigung engagiert. Das macht manchmal müde. Aber die Erfahrung lehrt auch: Hat eine erst einmal den geschlechtsspezifischen Blick, verliert sie ihn nicht mehr.

Teil V
Zusammenfassung und Perspektiven

Hanna Permien, Kerstin Frank

12. Es bleibt noch viel zu tun!

Ausgehend von der Vermutung, daß Gleichberechtigung in Kindertagesstätten längst noch nicht in dem Maß gefördert wird, wie vom KJHG, § 9 Abs. 3 gefordert, befragten wir in zwei westdeutschen Großstädten je ca. 70 Mädchen und Jungen und elf Erzieherinnen in Tageseinrichtungen für Grundschulkinder nach ihren Einschätzungen von Geschlechterverhalten und Geschlechterverhältnissen im Hort. Gleichzeitig erhoben wir die Rahmenbedingungen der pädagogischen Arbeit. Die Inhalte unserer Interviews mit Mädchen und Jungen gliederten wir in die Bereiche:
(a) Lieblingsbeschäftigungen und SpielpartnerInnen.
(b) Selbst- und Fremdwahrnehmung von Mädchen und Jungen.
(c) Umgang mit Konflikten.
(d) Zukunftsvorstellungen von Mädchen und Jungen.

Den ersten drei Themenbereichen ordneten wir entsprechende Aussagen der Erzieherinnen zu. Unsere Ergebnisse lassen sich so zusammenfassen: Trotz einer großen Bandbreite im Verhalten der Mädchen und der Jungen und unterschiedlichen Ausprägungen des Geschlechterverhältnisses in den verschiedenen Horten sind Geschlechterverhalten und -verhältnis insgesamt eher traditionell und stark hierarchisch bestimmt. Dieser Mangel an Gleichberechtigung ist den meisten befragten Erzieherinnen wenig bewußt und/ oder wenig wichtig. Entsprechend wenig arbeiten sie ihm auch entgegen.
„Traditionell" heißt für die Mädchen: Sie beschränken sich im wesentlichen auf klassische, ruhige, „platzsparende" Mädchen- und Gesellschaftsspiele und weibliche Aktivitäten. Eine Ausnahme sind Fangen und Fußballspielen mit Jungen – Spiele, an denen sich allerdings nicht alle Mädchen beteiligen. Überhaupt spielen Mädchen und Jungen in den meisten Horten wenig zusammen, was von den Mädchen mit Regelverletzungen und Grobheiten der Jungen begründet wird.
Das Selbstbild der Mädchen ist vor allem geprägt von Stolz auf ihr positives Sozialverhalten und ihre körperliche Attraktivität, aber auch von dem Bewußtsein, den Jungen körperlich unterlegen zu sein, was sie als wesentlichen Mangel ihres Geschlechts ansehen. Die meisten Mädchen klagen darüber, daß sie sich gegen die häufigen Aggressionen und Übergriffe von Jungen kaum effektiv wehren könnten.
Jungen dagegen bevorzugen neben Gesellschaftsspielen traditionelle, raumgreifende, lautstarke Jungenspiele mit Kampf- und Wettbewerbscharakter. Sie lassen sich noch seltener als Mädchen auf rollenübergreifende Aktivitä-

ten ein und werten typische Mädchenspiele häufig massiv ab. Auch als Spielpartnerinnen lehnen Jungen Mädchen meist ab. Jungen äußern sich allgemein und häufig ohne nähere Begründung sehr verächtlich über Mädchen und deren Kompetenzen. Sie behaupten des öfteren, höchstens sexuelles Interesse an den Mädchen zu haben. Nur wenige Jungen erkennen das positivere Sozialverhalten der Mädchen an.

Jungen bestätigen Mädchen also kaum in den positiven Aspekten ihrer Selbstwahrnehmung, wohl aber in dem negativen Aspekt ihrer angeblichen körperlichen Unterlegenheit. Das Selbstbild der Jungen ist dagegen stark bestimmt von dem, was auch die Mädchen als Vorteil des männlichen Geschlechts bewerten: Jungen sind vor allem stolz auf ihre Stärke und Schnelligkeit, die sie nicht nur beim Fußballspielen, sondern auch in Kämpfen untereinander sowie gegen die Mädchen erfolgreich einsetzen. Nicht nur auf dem Schulhof, sondern abgeschwächt auch im Hortalltag gilt häufig das Recht des Stärkeren – und stärker sind die Mädchen fast nie, auch wenn sie moralisch im Recht sind. Von Gleichberechtigung zwischen Mädchen und Jungen bei Konflikten kann also nicht die Rede sein. Doch das häufig aggressive und unsoziale Verhalten, das viele Mädchen und manche Erzieherin an den Jungen kritisieren, sehen die Jungen selbst nicht als Problem. Im Gegensatz zu den Mädchen nehmen sie also nicht die negativen Zuschreibungen von außen in ihr Selbstbild auf, sondern nur die positiven: Selbstkritik an ihrem Dominanzverhalten ist ihnen weitgehend fremd.

Eher traditionell sind auch die Zukunftsvorstellungen der befragten Kinder, und zwar vor allem der Jungen. Die meisten Jungen wollen einen auf Prestige, Macht, Stärke, Geld oder handwerkliches Geschick ausgerichteten Beruf. Sie sehen sich meist als „Haupternährer" ihrer zukünftigen Familie, während sie ihrer Partnerin ganz selbstverständlich die (größere) Verantwortung für die Kinderbetreuung zuschieben. Mädchen dagegen streben vor allem Mischberufe und neben typischen Frauen- auch reine Männerberufe an. Ihre Berufswünsche sind eher auf den Umgang mit Menschen und Tieren und kaum auf Geld und Macht ausgerichtet. Beide Geschlechter äußern fast gleich häufig den Wunsch nach „Traumberufen", die jeweils durch weibliche beziehungsweise männliche Klischees geprägt sind: Hier steht nach wie vor die Eislaufprinzessin dem Catcher oder Astronauten gegenüber. Mädchen stellen sich selten auf ein reines Hausfrauendasein ein und ebenso selten auf einen Rollentausch bei der Aufteilung von Beruf und Kinderbetreuung, sondern überwiegend auf die – von ihren Müttern vorgelebte – Doppelorientierung, aber auch -belastung. Vielleicht ist die ihnen unüberwindbar erscheinende Arbeitsteilung zwischen den Geschlechtern der Grund dafür, daß rund ein Viertel aller Mädchen, aber kaum ein Junge auf Kinder und/oder Partner verzichten will.

Fazit: Es bewegt sich also nicht viel im Geschlechterverhältnis und wenn, dann sind es eher die Mädchen, die sich männliche Domänen zu erobern versuchen. Eine „Gleichbewertung" weiblicher und männlicher Kompetenzen und Qualitäten steht zumindest in den von uns besuchten Horten derzeit nicht zur Debatte.

In den Interviews mit Erzieherinnen wurde deutlich, daß die meisten von ihnen problematische Verhaltensweisen vor allem bei Jungen eher für „persönlichkeitsabhängig" halten als für geschlechtstypisch. Trotzdem antworten sie auf die Frage nach allgemeinen Unterschieden zwischen den Mädchen und Jungen ihrer Gruppe überwiegend mit geschlechtstypischen Klischees. Alle befragten Erzieherinnen machen zwar geschlechtsübergreifende Angebote und ziehen Jungen überall zu Tischdiensten heran. Doch ihr Interesse an weitergehender „emanzipatorischer", auf Gleichberechtigung und Veränderung des Rollenverhaltens gerichteter Arbeit war (zumindest bis zur Befragung und der Rückmeldung der Ergebnisse) eher gering. Zudem sind ihre Möglichkeiten dazu häufig aufgrund ihrer Arbeitsbedingungen sehr begrenzt.

Damit der KJHG-Autrag zur Herstellung von Gleichberechtigung in dem wichtigen Jugendhilfebereich der Kindertagesstätten besser erfüllt wird als bisher, sind viele Impulse und Veränderungen nötig. Wir haben deshalb auch mit Erzieherinnen und Fachberaterinnen gesprochen, die sich bereits für mehr Gleichberechtigung in Tagesstätten für Schulkinder engagieren. Ihre Erfahrungen flossen ein in den vorliegenden Text, der sich darauf konzentriert, durch bereits erprobte Beispiele aus der Praxis Impulse und Anregungen zu geben für

(a) emanzipatorische Arbeitsansätze in Hortgruppen, die ohne großen Aufwand von einzelnen Erzieherinnen oder Teams aufgegriffen und an ihre Situation angepaßt werden können;

(b) die Ziele, Inhalte und methodische Möglichkeiten der Fortbildung von Erzieherinnen zur Geschlechterthematik;

(c) die Verankerung, Verbreitung und Vernetzung emanzipatorischer Arbeit in Kindertagesstätten durch Fachberaterinnen.

Aber natürlich gibt es noch viele weitere Ansatzpunkte zum Thema Gleichberechtigung, auf die wir in diesem Buch nicht eingehen konnten: Zu nennen sind hier z. B. Elternarbeit zu diesem Thema und Berücksichtigung der Geschlechterfrage in Supervision und Ausbildungsrichtlinien. Vor allem aber sind die Strukturen im Bereich der Kindertagesstätten zu verändern. Denn dieser Bereich ist immer noch von traditioneller Arbeitsteilung und Geschlechterhierarchie geprägt: Frauen leisten die Erziehungsarbeit an der Basis unter weitgehend von Männern bestimmten Rahmenbedingungen. Um in diesem Bereich (mehr) Gleichberechtigung und Gleichbewertung von weiblichen und männlichen Qualitäten und Arbeitsbereichen sowie eine Veränderung der traditionellen Rollenverteilung durchzusetzen, müßten zum einen viel mehr Frauen von Ausführenden zu Führungskräften werden. Denn sie sind die Expertinnen für die Bedürfnisse und die Situation von Kindern und Erzieherinnen sowie für die Bedingungen, die gute Pädagogik in Tagesstätten braucht. Zum anderen sollten viel mehr Männer Erziehungsarbeit in Tageseinrichtungen für Schulkinder geleistet haben, wenn sie zu Führungskräften aufsteigen. Dann wüßten sie, wenn sie Richtlinien etwa für „Horte an der Schule" erlassen, daß eine „Einraumpädagogik" mit nur einer Erzieherin zwar den Streß aller Beteiligten, nicht aber pädagogische, geschweige denn emanzipatorische Arbeit fördert.

Literaturverzeichnis

Barz, Monika: Körperliche Gewalt gegen Mädchen. In: AG Elternarbeit (Hrsg.): Die Schule lebt – Frauen bewegen Schule. DJI-Reihe: Materialien für die Elternarbeit, Bd. 12. München 1984

Barz, Monika/Maier-Störmer, Susanne: Schlagen und geschlagen werden. In: Brehmer, Ilse: Sexismus in der Schule, S. 279–287. Weinheim, Basel 1982

Beneke, Doris: Statement zur Mädchenarbeit im Arbeitsfeld Tageseinrichtungen für Kinder. In: Landschaftsverband Westfalen-Lippe, Landesjugendamt (Hrsg.): Mädchenarbeit in der Jugendhilfe – Fortbildungsmaterialien. Münster 1992 S. 19–24

Bensel, Joachim: Warum Jungen aggressiver sind. In: Psychologie heute, Juni 92, S. 55–56

Bichsel, Gottfried: Sandkastenrocker und Softies. In: Welt des Kindes 2/1994, S. 34–37

Bönold, Fritjof: Jungen in Kindertagesstätten. Eine explorative Interviewstudie mit ErzieherInnen aus sechs Nürnberger Kindertagesstätten. Unveröff. Diplomarbeit, Otto-Friedrich-Universität Bamberg 1993

Braun, Regina: Alles in Bewegung. In: Klein und Groß 6/1993, S. 13–15

Brown, Lyn M./Gilligan, Carol: Die verlorene Stimme. Wendepunkte in der Entwicklung von Mädchen und Frauen. Frankfurt am Main 1994

Burmeister, Ulrike u. a.: Geschlechtsspezifische Erziehung unter besonderer Berücksichtigung der frühkindlichen Sozialisation. Universität Bremen 1978

Büttner, Christian/Dittmann, Marianne (Hrsg.): Brave Mädchen, böse Buben? Erziehung zur Geschlechtsidentität in Kindergarten und Grundschule. Weinheim, Basel 1992

Chodorow, Nancy: Das Erbe der Mütter. München 1985

Christoph, Brunhilde/Siegel, Elfi: Mädchenfreundschaften. In: Päd extra Sozialarbeit 2/1980, S. 50–53

Deutsches Jugendinstitut (Hrsg.): Was tun Kinder am Nachmittag? München 1992

Engler, Renate: Konkurrenz zwischen Erzieherinnen und Müttern. In: TPS 2/1993

Engler, Renate: Frauenbewegung und Fachberatung. In: TPS-Extra 16/1994

Fried, Lilian: Ungleiche Behandlung schon im Kindergarten und zum Schulanfang? – Sprachvermittelte Erziehung von Mädchen und Jungen. In: Die Deutsche Schule. 1. Beiheft 1990, S. 61–76

Fuchs, Claudia: Koedukation benachteiligt Mädchen, Koedukation benachteiligt Jungen. In: Glumpler, Edith (Hrsg.): Mädchenbildung, Frauenbildung. Bad Heilbrunn/Obb. 1992, S. 171–177

Glembocki, Gertrud/Liebenguth, Angelika: Praxisbericht: Mädchen- und Jungenarbeit. In: Arbeitsfeld „Hort" – Erzieherinnen veröffentlichen ihre Arbeit. Dokumente und Materialien der Behörde für Schule, Jugend und Berufsbildung. Hamburg 26/1990, S. 106–109

Godlewski, Susanne: Erfahrungen mit dem Lernziel „Zärtlichkeit" in der Grundschule. In: Die Deutsche Schule, 1. Beiheft 1990, S. 77–88

Grabrucker, Marianne: Typisch Mädchen – Ein Tagebuch. Frankfurt/Main 1985

Haberkorn, Rita: Wer sich nicht wehrt, kommt an den Herd – Rollen und Rollen-spiele im Kindergarten. In: Büttner, Ch./Dittmann, M. (Hrsg.): Brave Mädchen – böse Buben? Weinheim, Basel 1992, S. 62–74

Hagemann-White, Carol: Sozialisation: weiblich – männlich? Opladen 1984

Hartwig, Monika: Geschlechtsspezifische Ursachen rechtsextremer Orientierun-gen. In: Frauen Infonetz 2/1994, S. 13–20

Heiliger, Anita: Über Frauen verfügen wollen – den Männern anerzogen? In: DJI-Bulletin 30/1994, S. 5–6

Holzkamp, Christine/Rommelspacher, Birgit: Frauen und Rechtsextremismus. In: Päd. extra 1/1991, S. 33–39

Hüller, Thomas: Markus stört – was macht Anna? In: Frankfurter Rundschau v. 31. 10. 92

Imhof, Margret: Mädchen – Jungen. Veränderungen der Geschlechterbeziehung im Zusammenhang mit Selbsterfahrungsarbeit in der Grundschule. In: Appel, Christa u. a. (Hrsg.): Frauenforschung sichtbar machen. Frankfurt/M. 1985, S. 267–283

Kampshoff, Marita: „Wenn ich ein Jungen wäre, wär ich gern ein Junge und so bin ich gern ein Mädchen" – Empirische Untersuchung zur Geschlechtsidentität in den Selbstaussagen von Schülerinnen und Schülern. Dortmund 1992

Kerber, Irene: (Mit) Jungen im Kindergarten. In: Winter, R./Willems, H. (Hrsg.): Was fehlt, sind Männer! Schwäbisch-Gmünd und Tübingen 1991, S. 19–26

Klawe, Willy/Bürgermann, Sabine: Typisch männlich – typisch weiblich. Erfahrun-gen mit einem Seminarkonzept. In: Brenner, G./Grubauer F. (Hrsg.): Typisch Mädchen? Typisch Junge? Weinheim und München 1991, S. 67–74

Kokigei, Marianne/Richtermeier, Fritz: Mädchen emanzipieren sich – kleine Hel-den in Not? Protokoll einer Fortbildung (unveröff. Manuskript) 1992

Krappmann, Lothar/Oswald, Hans: Beziehungsgeflechte und Gruppen von gleich-altrigen Kindern in der Schule. In: Kölner Zeitschrift für Soziologie und Sozial-psychologie, Sonderheft 25/1983

Krappmann, Lothar: Die Kinder im Schulalter: Zur psychischen Entwicklung der Schulkinder und die Anforderungen an die Pädagogik. In: Briel, Rudi/Mörsber-ger, Heribert (Hrsg.): Kinder brauchen Horte. Freiburg 1984, S. 71–90

Krappmann, Lothar: „Nun spielt doch endlich etwas Schönes!". Aushandeln, Streit und Freundschaft in der Kinderwelt. In: Diskurs 1/1992, S. 44–50

Kürthy, Tamàs: Geschlechtsspezifische Sozialisation. Bd. 1. Paderborn 1978

Miedaner, Lore: Warum fängt für die Jugendhilfe die Geschlechterfrage erst im Jugendalter an? In: Lebenswelten gestalten. Beiträge vom 9. Deutschen Jugend-hilfetag. Münster 1992, S. 108–112

Miedaner, Lore: Fortbildung zu emanzipatorischer Geschlechterarbeit mit Mäd-chen und Jungen in Horten. Erfahrungen und Überlegungen. Unveröff. Manu-skript 1994a

Miedaner, Lore: Ablauf der Fortbildung „Mädchen und Jungen im Hort", Teil 1 und 2. Unveröff. Manuskript 1994b

Miedaner, Lore, mit Erzieherinnen aus Frankfurt/M. und Porzheim: Mädchen und Jungen im Hort – Beobachtungen von Erzieherinnen. In: TPS 6/1993, S. 356–359

Milhoffer, Petra: Mädchen und Jungen – Geschlechterdifferenz in der Grundschu-le. In: Feminin – Maskulin. Jahresheft VII des Friedrich-Verlags, Seelze 1989, S. 117–120

Milhoffer, Petra: Koedukation und Sexismus. In: Die Deutsche Schule, 1. Beiheft 1990, S. 44–60

Milhoffer, Petra: „Liebe ist ein Geheimgefühl". In: Päd extra 4/1994, S. 41–43

Mühlen-Achs, Gitta: Mädchen in der Jungenschule? Über die besonderen Auswirkungen der Koedukation auf die Mädchen. In: Heiliger, A./Funk, H. (Hrsg.): Neue Aspekte der Mädchenförderung. Weinheim, München 1990, S. 32–52

Neubauer, Gunter: „Sex" im Kinderhaus: Auch kleine Jungen tun's! In: Winter, R. (Hrsg.): Stehversuche. Tübingen 1993, S. 39–53

Neumann, Ursula: Beschämung, Grenzüberschreitung, Sexistische Übergriffe in einer Kindertagesstätte. In: TPS 4/1994, S. 190–192

Nissen, Ursula: Raum und Zeit in der Nachmittagsgestaltung von Kindern. In: Deutsches Jugendinstitut (Hrsg.): Was tun Kinder am Nachmittag? München 1992, S. 127–170

Nyssen, Elke: Geschlechterdifferenz im Bildungswesen. In: Derichs-Kunstmann, K./Müthing, B. (Hrsg.): Frauen lernen anders. Bielefeld 1993, S. 19–35

Nuber, Ursula: Mädchen: Immer noch zuviel Anpassung. In: Psychologie heute 4/1992, S. 66–71

Ottemeier-Glücks, Franz Gerd: Emanzipatorische Jungenarbeit. In: Heiliger, A./Funk, H. (Hrsg.): Neue Aspekte der Mädchenförderung. Weinheim/München 1990, S. 53–70

Permien, Hanna: Geschlechtsspezifische Sozialisation – (k)ein Thema in der Tagesbetreuung für Kinder? In: Lebenswelten gestalten. Beiträge vom 9. Deutschen Jugendhilfetag. Münster 1992, S. 113–118

Permien, Hanna/Miedaner, Lore: Lernziel Gleichberechtigung – Anregungen zu emanzipatorischer Geschlechterarbeit in Tageseinrichtungen für Schulkinder. In: Seidenspinner, G. (Hrsg.): Frau sein in Deutschland. München 1994, S. 103–133

Pfister, Gertrud: Erziehung zur Kraft – Erziehung zur Anmut. In: Brehmer, I. (Hrsg.): Sexismus in der Schule. Weinheim, Basel 1982, S. 215–223

Popp, Ulrike: Kultur ist nicht geschlechtslos. Geschlechterverhältnisse aus der Sicht deutscher und türkischer Mädchen und Jungen. In: Pädagogik 7–8/1994, S. 62–66

Preissing, Christa/Best, Edeltraud: Erziehung zur Unauffälligkeit. In: Preissing, Ch. u. a. (Hrsg.): Mädchen in Erziehungseinrichtungen: Erziehung zur Unauffälligkeit. Opladen 1985

Rogge, Jens-Uwe: Felix, sowas sagt man nicht! In: Welt des Kindes 1/1994, S. 19–24

Sass, Jürgen: Wie partnerschaftlich sind die Väter? In: DJI-Bulletin 29/1994, S. 6–7

Schenk, Michael: Emanzipatorische Jungenarbeit im Freizeitheim. In: Winter, R./Willems, H. (Hrsg.): Was fehlt, sind Männer! Schwäbisch Gmünd und Tübingen 1991, S. 99–124

Schimmel, Kerstin/Glumpler Edith: Berufsorientierung von Mädchen und Jungen im Grundschulalter. In: Glumpler, E. (Hrsg.): Mädchenbildung, Frauenbildung. Bad Heilbrunn/Obb. 1992, S. 282–293

Schmauch, Ulrike: Anatomie und Schicksal – zur Psychoanalyse der frühen Geschlechtersozialisation. Frankfurt/Main 1987

Schnack, Dieter/Neutzling, Rainer: Kleine Helden in Not, Jungen auf der Suche nach Männlichkeit. Reinbek bei Hamburg 1990a

Schnack, Dieter/Neutzling, Rainer: Jungen sind ganz anders. In: Sozialmagazin 7/8 1990b, S. 15–19

Sielert, Uwe: Jungenarbeit, Weinheim und München 1989

Smaus, Gerlinda: Physische Gewalt und die Macht des Patriarchats. In: Kriminologisches Journal 2/1994, S. 82–104

Tannen, Deborah: Du kannst mich einfach nicht verstehen. Hamburg 1991

Trautner, Hanns-Martin u. a.: Unbekenntnis – Rigidität – Flexibilität: Ein Entwicklungsmodell der Geschlechtsrollen-Stereotypisierung. In: Zeitschr. f. Entwicklungspsychol. u. Päd. Psychol. 2/1988, S. 105–120

Verlinden, Martin: Mädchen und Jungen im Kindergarten. Sozialpäd. Institut. Köln 1991

Wildt, Carola/Naundorf, Gabriele: Der Streit um die Koedukation. In: Hurrelmann, K. u. a.: Koedukation – Jungenschule auch für Mädchen? Opladen 1986, S. 88–174

Winter, Reinhard/Willems, Horst: Was fehlt, sind Männer! Schwäbisch-Gmünd und Tübingen 1991

Wolf, Jutta/Wrage, Gudrun/Schulze-Thiemig, Silvia: Kein Raum für Mädchen?! Eine Studie zur Situation von Mädchen in der öffentlichen Jugendhilfe. Kiel 1990

Zimmermann, Susanne: „Ich habe doch keine Sexualität?!" Sexualerziehung in einem Schülercafé. In: TPS 4/1994, S. 202–204

Zweiwochendienst: Die Klugheit ist immer noch weitgehend männlich – Eine Untersuchung von Chr. Donat u. a. über Anspruch und Wirklichkeit am Beispiel der Rollenverteilung in Lehr- und Sprachbüchern für den Grundschulunterricht in NRW. In: Zweiwochendienst Frauen und Politik 8/1989, S. 10–11

Autorinnen

Silvia B e i s t e i n e r, geb. 1963, seit elf Jahren Erzieherin, seit fünf Jahren Leiterin einer städtischen Horteinrichtung.

Renate E n g l e r, geb. 1949, Erzieherin und Diplompädagogin. Elf Jahre Mädchenarbeit im Mädchentreff Frankfurt (Internationaler Bund für Sozialarbeit), seit sieben Jahren Fachberaterin für Städtische Kindertagesstätten beim Amt für Jugend und Familie, Pforzheim.

Kerstin F r a n k, geb. 1964, Diplomsozialpädagogin FH, Diplompädagogin, Mitarbeiterin am Deutschen Jugendinstitut in München und Lehrbeauftragte an der Staatlichen Fachhochschule München, FB Sozialwesen, in der praxisorientierten Ausbildung. Arbeitsschwerpunkte: Geschlechtersozialisation, Soziale Arbeit mit Frauen, Frauenbildungsarbeit und Freizeitangebote für Kinder.

Stefanie K i e f f e r, geb. 1967, seit sechs Jahren Erzieherin, seit zwei Jahren Stellvertretende Leiterin einer städtischen Kindertagesstätte.

Hanna P e r m i e n, geb. 1947, Diplompsychologin, Studium in Bochum und München. Eine Tochter. Seit 1974 wiss. Mitarbeiterin des Deutschen Jugendinstituts in München in der Abteilung Familie und Familienpolitik und in der Abteilung Mädchen- und Frauenforschung. Arbeitsgebiete: Systemische Beratung im Pflegekinderbereich, private und institutionelle Betreuungsformen für Klein- und Schulkinder, geschlechtstypische Sozialisation in Kindertagesstätten, Probleme der Vereinbarkeit von Familie und Beruf, derzeit tätig in einem Projekt über „Straßenkinder".